劫後騎跡

蔡正勝 騎出自在人生

作者 / 蔡正勝

01 踏板勇士　　02 食在中國　　03 情在同胞　　04 美麗騎跡

踏板勇士

01 神明庇佑，一路平安前行

1	2
3	4

1 四川成都雙流機場
2 帶著媽祖到了青島火車站
3 中蘇邊界（內蒙古呼倫貝爾室韋鎮）
4 媽祖輕裝遊黑龍江省齊齊哈爾

5 山東省淄博市藝術博物館
6 中國最北的觀世音神像（在黑龍江省漠河市）

踏板勇士

02 飛塵坎路，阻擋不住前程

1	2
3	

1 川藏公路只要開挖隧道，上面的道路就不維護；可謂「柔腸寸斷」
2 川藏公路沒維護的路段塵土飛揚
3 在 3000 至 4000 公尺的空氣稀薄，還要戴口罩

4	5
6	

4 高山塵土飛揚；車上積滿灰塵；肺部可能也黃了
5 川藏著名的排龍、通麥天險
6 底下挖隧道，上面的道路不維護

踏板勇士

03 維修胎鏈,確保良好車況

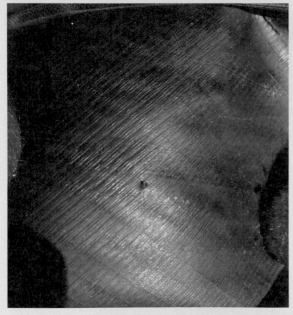

1	2

3

1&2 川藏公路踩斷鏈條是常有的
3 長途旅行被鐵釘刺破,胎要自己補

4
5

6

4-6 外胎薄了，破胎機率更高

踏板勇士

04 隧道過後，又見柳暗花明

1 過了這個隧道，廣東省近了
2 川藏公路隧道
3 川藏公路排龍天險，未來這個隧道通了，就安全多了

4 老虎嘴隧道旁在挖新隧道，裡面處處大坑洞
5 福建要爬山；浙江有隧道，比較有錢

踏板勇士

05 休息，是為了挑戰更遠的路

1	1 福建省的山區路上沒車，有樹蔭就可以休息
2	2 內蒙古濕地氣候適宜，累了就躺一下

3

4　5

3 在山東德州，當地車友熱情招待
4 丹東的鳳凰山也有峭壁懸崖
5 內蒙古海拉爾市火車

食在中國

01 用吃來記錄嘗過的餐館

1	2
3	4

1 川藏公路途中的魯朗石鍋遠近馳名
2 環中國的早餐，幾乎都是買早點站著吃
3 川藏公路第一天，在四川成都市吃大餐
4 川藏這家很有名，但我們怕腸胃無法消受，不敢吃

5 當地人帶路前往的自助餐，果然便宜又好吃

食在中國

02 吃飽，是為了騎更遠的路

1	2
3	

1 中國的吃實在便宜
2 魯朗石鍋 300 人民幣，菜多到擺不下
3 川藏公路途中的早餐。大家買好，坐在安全島旁吃

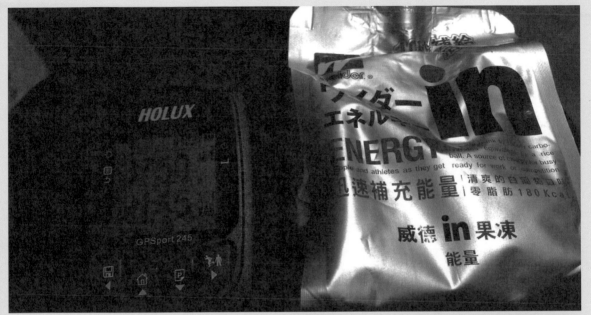

4 騎車人的最佳補給品：臺灣帶
　去的威德 in 果凍能量包
5 在川藏公路 4000 多公尺的水
　井，水質甜美，好比天上仙水

情在同胞

01 相伴相扶，一路踩踏前行

1 川藏公路成都起點，到拉薩還有 2100 公里
2 騎在浙江省的丘陵地，與環遊世界的小張
3 遇到當地熱情車友

4 唐山地區大批車友來迎接我們
5 山東威海捷安特的姜老闆熱情招待，也陪騎了一星期

情在同胞

02 偶遇相逢，難忘濃郁人情

1	2
	3

1 山東德州的粉絲，特別製作我們的衣服
2 南京日報記者採訪
3 在威海廣場，接受記者採訪

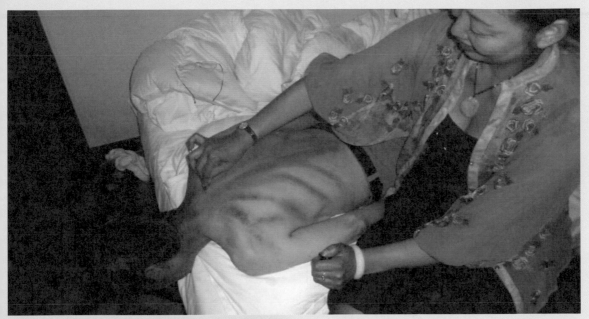

4 騎了 60 天到丹東，全身充滿暑氣，刮完暢快無比
5 騎川藏公路，一路上美女都把我當偶像

美麗騎跡

01 山川之美

1	2
	3

1 川藏公路的天路 18 彎，好陡的一段路
2 改變中國命運的瀘定橋，決定國共勝負戰役的所在地
3 在 4000 至 5000 公尺的壯闊草原

4 離開康定市，騎了一小時遙望市區
5 川藏公路旁的高山，白雪皚皚

4

5

美麗騎跡

02 古蹟之美

1	2
3	

1 瀘定橋被中共視為聖地
2 清朝中日甲午戰爭割讓台灣的地方
3 中日甲午戰爭,北洋艦隊被殲滅於此

4 山東省蓬萊市傳說：八仙過海的地方
5 山東省德州市的三國公園關羽面具

4

5

美麗騎跡

03 地標之美

1 這趟滇藏之旅的最高點：那根拉 5190 公尺
2 號稱世界最高的城市：理塘，標高 4000 公尺
3 離開成都的第一個景點：飛仙關（第一天同行的伙伴摔車受傷處）

4 這個老村落叫做紅星三星村（搞
　不好有中共上將住過這裡）
5 我買了一桶茶——循著茶馬古
　道，從西雙版納到昆明、到拉
　薩，再回到台灣的血汗茶

美麗騎跡

04 藏區之美

1	1 騎到布達拉宮前的震撼
2	2 參觀布達拉宮

3-6 布達拉宮內的大型壁畫

美麗騎跡

1	2
3	

1 高原的馬個頭不高
2 在低海拔的氂牛，退化得像一般的牛
3 數千公尺的壯闊牧場

4 納木措湖邊，供人拍照的白氂牛
5 載人環納木措湖的馬隊

4

5

美麗騎跡

06 雪地之美

1	2
	3

1 在 5000 公尺的地方，只要下雨就降雪，常常一下子從夏天變成寒冬
2 然烏湖畔的來古冰川，當地設管制站，收費才能進入
3 川藏公路最高點 5013 公尺的米拉山，一夜之間就積雪達 30 公分

4 松多鎮從攝氏 20 度,一夜之間降到攝氏零下 20 度
5 雪地騎車驚險萬分;手都凍僵了

目 錄

推薦序
與
自序

騎出樂活的人生

葉聰敏

正勝兄在新竹Honda汽車公司擔任顧客關係室經理，於2002年任職直至退休。於公為人熱情，善解人意。擔任此職時，面對顧客的客訴、客怨，經他的耐心聆聽，仔細解說之下，所有案件皆能得到適當的處理，並得到顧客充分的信任、了解與讚美。於私，正勝兄及其夫人更是二位古道熱腸的熱血人士。不論是公益、救災活動，必定出錢、出力，並且不因工作的忙碌或年紀的增長而有所改變。正勝兄也熱愛旅行、爬高山，甚至當嚮導，遊遍了全世界！

所謂「大難不死，必有後福」。1992年的空難，正勝兄奇蹟似的生還，成了領有殘障手冊的殘障人士，但也因如此，開啟了他人生另一頁的篇章。正勝兄不向命運低頭，持之以恆，驚人毅力的精神，進行一連串痛苦的復健過程，並將他的人生故事帶入學校、監獄、社會，影響更多更多人。接下來藉由自行車隊貢獻公益，旅遊世界帶給更多人啟發。

感謝正勝兄在本書提到了我鼓勵他「自行車長征中國」的活動，總長6000公里，歷時三個月。當他請示我將請三個月長假去圓夢時，我不加思考的說：「很好啊！但只有一個條件，就是要平安回來！」所以不只馬上簽准正勝兄的請假簽呈，公司所有同仁都非常的支持和鼓勵。出發前並為這位同仁「不老騎士」舉辦一場記者會並資助盤纏。感謝天！他不僅圓了夢並平安歸來，繼續他往後的自行車長征之旅。

閱讀完本書，我們不僅能從正勝兄的生命故事中得到「再堅持一下，就能到達目標」的人生精神，更是一本對自行車長征有興趣的車友們必讀之書。從旅程開始前的各項規劃，到旅程中所有可能面臨的問題和解

決之道，以及所有長征中所得到的樂趣、視野的開闊和想法，都有精闢的傳承，真的是一本值得細細品味與珍藏的好書。

葉晓敏（作者為新竹 Honda 汽車董事長）

體現了永不放棄的精神

丘宏昌

認識蔡大哥已經很久了，每次聽完他的故事，都十分佩服他那過人的毅力與精彩人生。這次十分開心蔡大哥能將這些故事一一描述並出版成書，讓大家得以見識他那永不放棄、劫後騎跡的人生。

之所以認識蔡大哥，是因為幾年前開始陪清華EMBA，參加9天的單車環島的活動。為了圓單車環島的小小夢想，環島前開始參加清華EMBA單車社的訓練與活動。每次活動，蔡大哥都十分熱心出錢出力，並義務教導我們這些從沒有騎乘經驗的新手。終於，讓我也能一圓單車環島的夢想，也得以享受騎乘的樂趣，非常感激蔡大哥對清華EMBA單車社的大力協助與付出。

這本書最吸引我的地方主要有三點：首先，是蔡大哥的永不放棄的精神。試想，有多少人曾經歷飛機空難卻又「劫後騎跡」、身體重傷後卻又康復的經驗。對一般人來說，這是多大的挑戰與歷程，但蔡大哥靠著無比的毅力騎乘單車鍛鍊，身體終於逐漸康復。康復後，不但繼續鍛鍊，還比一般人騎得更好，這樣永不放棄的精神，令我打從心底欽佩。

其次，蔡大哥勇於追逐夢想並付諸實現的寶貴經歷與體驗，是一段艱辛、漫長、卻又開心的生命路程。我用盡全力才能在九天騎完台灣環島的900公里；然蔡大哥的騎乘，卻都是用數千公里，並在高數千公尺的西藏高原或崎嶇道路來計算。只有親自騎長距離的體驗，才略微體會蔡大哥書中所寫的每一個故事，是那麼的勇敢、真實，且令人打從心底佩服。

最後，蔡大哥的助人與無私的付出，更是令我感動的地方。只要旁人

需要幫助，蔡大哥便努力付出與投入。從1999年的921地震每天投入超過16小時協助救災、志願協助脊椎損傷的朋友、到籌組相關團體並不計成本地擔任志工與付出，在單車社中也無私地幫助他人，這些對社會充滿正面激勵的作為，都是我們學習的好榜樣。

衷心感激蔡大哥這麼多年來，對周遭的朋友與社會默默的付出，並很開心他寫下這段精彩的人生騎跡。

（作者為國立清華大學科技管理學院教授兼 EMBA 執行長）

行萬里路勝讀萬卷書　　　　　　　　　許良明

　　人生變動無常，於此無常劇變歲月中，能自我激勵，做幾件對社會有意義的事，讓後人永遠的懷念與感恩，那這一生不僅過得充實、燦爛，更過得很值得。而今蔡高專正勝已如願以償的渡過這個歲月，顯現其特殊的行誼，例如1992年的恐怖空難事件，飛機於甘肅蘭州上空墜落，上天保佑，能劫後餘生。然而，面對可怕的墜機所帶來的身軀殘疾及心理創傷，務必進行長期醫護與治療及復健工作，這的確是人生的殘酷考驗。所幸吉人天相，蔡兄天賦異秉，具有旺盛的精神、堅強的意志，及持之以恆的耐力，經長年的細心照顧及自我訓練，而今，可如同常人，生龍活虎，歡欣愉快。

　　「事非經過不知難」，當人遭遇嚴峻劫難時，那種恐懼、無助、失落及痛苦，沒有身歷其境的人，是無法了解的。目前蔡兄投入諸多心血，將此遭遇情境，以及爾後如何自我站立，自助助人，帶動民間團體如何投入社會公益，付出奉獻的心路歷程，完全呈現在這冊《劫後騎跡》一書中，實屬難得，令人感佩。

　　俗云：「重複的舉止，會形成習慣，定型的習慣，會變成個性；個性之所向，會決定命運，命運的好壞，會影響一生。」可見一個人的行為舉止，表現於日常生活習慣，對其人格特質，確為息息相關。由於蔡兄自幼洗禮於極為保守的環境成長，保有純樸的倫理觀念及崇高的道德標準，處處表現其待人真誠、處事真實、自心真如的特殊性格。所以撰寫本書的用詞，均屬簡樸，不會出現華麗辭彙及輕浮用語，除了講經歷的過程，以記實的敘述外，別無花絮點綴，可以讓讀者欣賞一篇積極、陽

光、正面及啟發的真實故事，令人感受良多，回味無窮，確實是一冊發心省思、引人向善的優良作品，尤其對年輕朋友，具有奮發向上、發心施捨的參考價值，值得肯定。

目前，由於資訊科技的快速發展，引發人們新的思潮，提出「行萬里路勝讀萬卷書」的新觀念。也許這新觀念與本書作者於復健期間的突發奇想，有不謀而合之處。於是「單騎萬里行」的壯舉，便應運而生。自2012年四月起至2015年的六月，前後四度橫越中國大陸的大江南北、川藏及滇藏公路，完成「行萬里路」的夢想，這是值得令人拍案叫絕的神奇之旅。書中自第七章至第十章的行程紀錄，均有詳實的敘述。從其歷程中，看到了能完成嚴苛的考驗，除了要有旺盛的體力、靈活的智力、堅毅的耐力外，還需具備一付持之以恆的忍功。如今，知悉其在驚濤駭浪中，終於完成「鐵騎萬里行」的偉大行程，謹致最誠摯的掌聲與崇高的敬意。

最後，擬藉此序文一角，特別表達蔡兄自1999年至2005年期間，為臺灣地區技職教育的大力協助與高度貢獻，這是臺灣教育史上企業支援教育的創舉。這段期間在中華汽車擔任高級專員的蔡兄，精心規劃，提出企業協助教育部辦理技藝競賽之簽呈，內容懇切，且有必要性，經由總經理核閱轉呈董事長批准後，特別指示蔡高專務必全力支持配合，不能有半點失誤。因此，每年中華汽車公司都耗費千萬之經費，向日本三菱汽車公司購置四十至八十具之汽油引擎，再由臺灣專業廠商製作引擎架，鋪設電路及油路系統之管線，完成既美觀又實用的架上引擎，供大會競賽使用，結束後，再以很低的價格讓競賽學校登記購買，至於競賽

優勝的前六名學校，各可獲得一輛全新車輛為獎品。因此，目前各技職學校，已有相當充足的車輛、引擎及相關設備供教學實習。如果沒有蔡高專的傻勁，絕無法見到今日技職教育的蓬勃發展，這也是臺灣教育史上的一大創舉及標竿。站在一個教育工作者的立場，我要代表全國技職教育的師生及歷年世界金牌選手，對蔡高專報以感恩，永遠懷念。

（作者為國立臺灣師範大學工業教育系退休教授）

勇於在低潮時步步堅持

楊仲凱

2004年，我和蔡經理於一場全國性車聚活動中認識。「陽光、友善」是我對他的初次印象。當時，蔡經理曾主動提起搭機劫後餘生的經歷，即便手指因此產生後遺症，也絲毫不影響他的樂觀態度。我則因為多次參加鐵人三項，深深了解適度運動有益復健，所以便邀約他一同加入車騎行列。

說來也很幸運，自從蔡經理加入車騎團隊後，大夥彷彿是踏入樂園一般，從此歡笑不斷。見多識廣的他，總是熱情帶領大家遊遍全臺，讓我們認識許許多多的秘境與美食，這種有吃有玩有運動的行程很受歡迎，尤其是野溪溫泉之旅，讓暱稱4＋2（四輪車＋兩輪單車）的我們，徹底放鬆行程上的疲憊。比魯溫泉、二指山溫泉、小錦平溫泉……，也都滿載了美好回憶。除了安排車隊活動，好幾回我外騎時意外受傷，也都仰賴蔡經理不遠千里來救援。在數次遊騎行程後，蔡經理的體力隨之提升，後來更時常在選手之夜，被主辦單位邀請上臺鼓舞全體參賽者。

因為個人生涯規劃，我錯過了蔡經理主導的拱範宮鐵飯團的單車公益行程。幾年後再次接觸時，已是藉由FB追蹤生活動態。其中，布達拉宮／阿拉斯加等行程，著實讓我驚艷於他的活力及行動力，於是我特別邀請蔡經理和本公司年輕人分享心路歷程，期許讓同仁理解：人生沒有藉口，只有自我執行力的信念。

馬斯洛人類需求五層次理論中涵括「生理／安全／社交／尊重／自我實現」，最難到達的是自我實現，然而蔡經理卻勇於在低潮時步步堅持，能結識這位忘年之交，絕對是我人生中可貴的珍寶。

楊仲凱 （作者為 ENERGEAR 創辦人）

只要不放棄，才有機會發生奇蹟

劉恭甫

第一次接觸蔡正勝是在一次清華EMBA的自行車騎行活動中，我看見一位60多歲、身體硬朗的團隊成員，大家都叫他蔡大哥，他永遠騎到整個自行車團隊的最前面，還常常領先團隊一大段距離之後，停下來拿起他的專業相機，幫每一位自行車活動的團隊成員，拍下一張張精彩的個人照片，活動之後，每個人看見自己騎自行車英姿的照片都感動不已，大家都非常感謝蔡大哥。

在騎行自行車活動中的一次休息時間，我主動跟蔡大哥聊天，想多了解他如何可以超過60歲，卻能夠把體能保持在這麼棒的狀態。聊天當中，我永遠記得蔡大哥爽朗的笑聲，他拿出他的手機給我看他的一張照片，那一張是他騎自行車登上西藏的布達拉宮的照片，之後還給我看他騎自行車挑戰北極的照片，讓我非常驚訝，因為我聽過非常多的朋友想要去挑戰西藏布達拉宮卻因高山症而挑戰失敗，但是蔡大哥不但挑戰成功，而且還能夠騎自行車挑戰北極，於是當下就邀請蔡大哥上我的廣播節目，分享他是如何辦到的故事。

在錄音間，我難得有一個小時可以專訪蔡大哥，訪談中，只記得全程我不斷地發出驚訝的聲音，因為在這一個小時當中，除了他驚人的毅力與體能能夠騎自行車挑戰世界各地之外，還讓我聽到了一個不放棄人生與自己生命的故事。

每一個成功背後，都有一個「有勇氣」的決定。

1992年，蔡大哥在人生正值黃金年代，也就是40歲的時候，到中國大陸挑戰絲路之旅，卻在回程的甘肅省定西市縣境內遭遇到空難，飛機

掉到黃土高原上，有將近一半的人當場身亡，他是倖存者之一，空難墜機卻大難不死。但老天爺卻沒有放過他，留下後遺症——肌肉嚴重萎縮變形，他領了殘障手冊。

人生每一段路的終點，看似結束，其實是另一段路的開始！

蔡大哥不願意被人當作「殘障人士」，決定以單車當作運動復健，連續六年自主重訓，在2010年挑戰騎單車環島、2012年挑戰騎單車環中國、2014年更是騎單車挑戰海拔5000公尺以上的川藏及滇藏公路，最後單車騎到拉薩的布達拉宮朝聖。

我第一次在廣播聽到一整段如此振奮人心，而且佩服不已的人生故事。蔡大哥沒有放棄自己，反而成為現在許多人的英雄，我自己也把蔡大哥當成英雄偶像，當天錄音完我便立刻鼓勵蔡大哥出書。很開心也很感動蔡大哥終於把他的人生勵志故事出版成書，讓更多人可以了解他的人生故事。

蔡正勝，65歲的「不老騎士」，不希望生命留下遺憾，努力改變自己，空難墜機後騎出自在人生。用自己的毅力活出精采的人生。

誠摯推薦所有讀者跟我一起閱讀《劫後騎跡－蔡正勝騎出自在人生》這本書，體驗蔡大哥永不放棄的人生。

（作者為知名企業創新顧問，暢銷書作家與廣播主持人）

心跟著蔡正勝去騎行

王國興

　　2016年在清華大學EMBA單車社，初識單車界神人學長蔡正勝，那時他正在騎單車環繞阿拉斯加。我在清華大學EMBA就學之後，慢慢地熟識蔡正勝學長，才知道他已完成單車環繞中國一圈，不僅如此，單車還騎上西藏拉薩布達拉宮，完成單車騎士一生的夢想。空前壯舉的背後，你一定以為他是一個壯碩的肌肉男，但是看到他，你一定會跟我一樣驚呼連連……，一位領有殘障手冊、瘦瘦高高的中年男子。我想你應該跟我一樣，非常的好奇，是什麼樣的因緣？什麼樣的故事？怎麼樣的訓練？讓他可以達成這個不可能的任務。

　　故事就從1992年改變蔡正勝人生的絲綢之旅開始談起，一個意外的決定，決定在蘭州機場坐包機，飛機因為機械故障撞入高山，之後……主角蔡正勝就不省人事。直到救援才發現法國人有九位罹難，同行十位臺灣人居然全部幸運存活。而蔡正勝卻因空難導致頸椎受傷，被醫生判定為「殘障人士」。然而蔡正勝，並沒有被「殘障人士」的標籤擊倒，卻矢志成為「最強壯的殘障人士」。

　　單車成為他復健的工具，每天騎車30多公里上下班，從開始三個多小時，到騎單車可以超越摩托車。再用吊單槓及滑輪做復健，復健拉筋的動作，讓蔡正勝痛不欲生，蔡正勝卻持續不斷的幾萬、幾十萬、甚至百萬次拉扯萎縮的左手，終於復健到可以舉起左手，醫生這時還開玩笑的說：「要回收身心殘障手冊了」。復健首場在美利達的單車越野登山賽，大會介紹蔡正勝騎士是「生命鬥士」，當天跑完五公里，再騎20公里山路，就體力不支而未能完賽。蔡正勝並不放棄，更持續性參加北海岸挑戰賽等賽事、其中在太平山挑戰賽更獲得50歲組第五名，後來陸陸

續續參加了NeverStop永不放棄單車系列活動，更參加單車挑戰武嶺、騎上塔塔加！還登上玉山、雪山等20多座百岳，不知不覺蔡正勝就練就成「最強壯的殘障人士」。

蔡正勝發生墜機空難事件後，讓蔡正勝人生方向大幅度的改變，走向公益的活動，之後發生過幾個令我十分動容的小故事：

故事（一）是在墜機回臺灣後，感恩上山搶救的史校長，蔡正勝他們回去幫助史校長，重建一所現代化的「希望小學」。

故事（二）當新竹天主教德蘭中心需要援助，修女問小朋友：「你們最想要什麼？」，小朋友說：「我們想要一台大大的車」，於是蔡正勝在聖誕節前，當了聖誕老公公，募款送上一部大大的車，作為小朋友的聖誕禮物。

故事（三）1999年松山工農舉辦全國高工技能競賽，蔡正勝正是中華汽車代表，正值許良明教授想提升高工的汽修工藝水準，蔡正勝經理穿針引線，上呈董事長吳舜文及副董事長嚴凱泰，提供各個高工學校價值一千多萬的40台教學噴射引擎，並為學校提供教育訓練。中華汽車贏得品牌形象，因此讓中華汽車連續十年獲得銷售冠軍，服務滿意度也連續多年第一名。

故事（四）蔡正勝感於受刑人出獄後再犯率高達50%，蔡正勝說服中華汽車在各個監獄廣設汽修科，並請中華汽車在就業辦法取消犯罪紀錄查核，讓受汽修教育的受刑人，刑期服滿後至少可以有中華汽車的就

業機會。

故事（五）曾因偏遠交通就醫不易，而有民眾錯失搶救的良機，蔡正勝在中華汽車董事長吳舜文的允諾下，捐助了數十台車給偏遠地區，當作救護車及巡迴服務車。

故事（六）在921臺灣大地震時，蔡正勝更帶領了中華汽車40位員工，前往災區賑災一直待到路通了，蔡正勝才最後一個離開。能讓蔡正勝全力發揮並善盡企業的社會責任，企業家吳舜文、嚴凱泰母子對社會的貢獻，真的讓人緬懷。

這樣的「殘障人士」蔡正勝，令我不禁的想要在他的面前立正敬禮致意。

「當上帝關了一道門，就會為你開一扇窗」，2011年台積電副總蔡能賢，將自己從北京到巴黎，單車跨越18000公里沿途見聞，出了一本書叫《放手真好》，激勵蔡正勝想要改變，計劃沿著中國海岸線，從福州騎到黑龍江漠河北極村，環中國騎6000公里圓夢。因為FB宣告「我要單車環中國」，這時拱範宮吳國寶秘書來電，要不要帶媽祖神像去環中國，就這樣「媽祖婆」要跟著蔡正勝去環中國了。

中國行第一回，故事從馬祖開始，蔡正勝以無比的毅力，騎過無數的古城，跨越山海關，用六十八天騎行6000公里，到達最北端黑龍江畔的漠河北極村。

中國行第二回，用二十一天從福州出發，先騎到福建南靖看土樓，再

環行經過港澳，騎至中國最南端的海南島三亞看「天涯海角」，最後再騎回到湄州島，帶著媽祖回娘家。

中國行第三回，單車挑戰川藏公路，先騎至康定唱《康定情歌》，再騎車至4298公尺的折多山，騎到下雨、下冰雹，沿途都是冰柱，冷到手都凍僵了。騎車跨越傳說中的天堂路：「天路18彎」，直上4659公尺高度的剪子山。川藏公路上上下下的騎行難度，你可以想像是在玉山山頂，3952公尺高度騎單車的那種感覺。當騎到4685公尺高山的海子山，看著絕世的雪山冰河美景，美景天成讓蔡正勝不想離開。最後單車的目標是西藏，但是騎至四川、西藏交界，卻因為證件卡關，蔡正勝這時侯只能打包，再見西藏了。

中國行第四回，挑戰高難度滇藏公路，要完成上次卡關的遺憾，蔡正勝再度進入西藏地區，先騎單車到飛來寺看「日照金山」奇景，再騎上4376公尺的拉烏山眺望瀾滄江美景。再從5008公尺的東達山，下騎至海拔1930公尺的排龍，在沿途五彩經幡的陪伴下，蔡正勝最後再上騎至3767公尺，單車騎上世界海拔最高的藏傳佛教宮殿：拉薩的布達拉宮，完成單車族一生最大的夢想。

看完這本《劫後騎跡》，我覺得在蔡正勝的身上看到很多正能量，也看到很多的奇蹟。這個奇蹟看得到蔡正勝克服痛苦不堪的復健過程，從「殘障人士」變成「最強壯的殘障人士」，努力不懈、不放棄的精神，值得我們效法。蔡正勝雖然身體殘缺了，心卻十分堅強不屈服。除了鍛鍊自己身體，更不忘善用身邊的資源做公益活動。這也啟發了我們，不

一定要等到有錢，才能做公益的活動。如果懂得利用身邊的資源，一樣可以做自己的公益人生。

　　看著《劫後騎跡》一書，感覺好像跟著蔡正勝騎車在中國環遊。從馬祖出港到中國各古城之間騎行，彷彿騎著單車在逐鹿中原呢！單車以每天一百多公里的速度從福建出發，極度辛苦的跨越蒼南縣「南天門」，又騎過了雁蕩山，渡海到舟山島看海，還騎單車到佛陀的普陀山朝聖。騎著單車經過西湖時，仰望著雷峰塔，幻想著白蛇與許仙的愛情故事。當騎單車到了寒山寺，思古的情懷讓蔡正勝在夜半起床，傾聽著寒山寺的夜半鐘聲。單車騎在如皋，見識著世界六大長壽鄉的祕密。在揚州享受半日的美景，還去了朱自清的老家。騎至宿遷正好趕上「萬人運動日」單車活動，正好可以看看西楚霸王項羽的故鄉。從即墨騎過文登這兩座千年古城，單車再騎到成山頭，在「天盡頭秦東門」碑前停下，彷彿看見數千年前秦始皇出巡的壯觀場景。在劉公島還路過中國第一座高爾球場，風景優美，這也難怪百年前，英國人會選擇這裡做高爾夫球場，到這裡已經跟著蔡正勝騎了3000多公里了。

　　騎過了號稱「天下第一村」的周村，開始渡過中國生命之水——黃河，興奮之情不可言喻。騎過天津看到萬佛塔，雖然經過文化大革命的摧殘，依然矗立不倒。騎過唐山，菩薩在灑甘露，淨化大地震亡靈。而在百里之外路旁大樹下，竟有車禍亡靈前來申冤。

　　騎著、騎著，蔡正勝帶著我們騎到了北戴河看日出，準備要出關了。騎到第四十三天，就要騎車出天下第一關山海關，告別中原了。跟

著蔡正勝的騎行，心也跟著去了，幻想著自己有一天，也可以這麼去騎行中國。人生可以有夢，但是築夢卻要踏實，蔡正勝可以，我們理當也可以。趁著為《劫後騎跡》寫序，邀請蔡正勝在2020年帶我們騎車上京去，從上海騎到北京1000多公里⋯⋯，下次就換我出書《我們上京去了》。

（作者為王國興地政士事務所負責人、2018 年清華大學 EMBA 畢業、2018 年新竹市優良地政士）

咬牙含淚騎出自己一片天 吳國寶

「只要你真心渴望去做一件事，全世界都會起來幫助你的。」關於蔡正勝先生在單車路上的故事，可不是一般人騎著單車到街口菜市場買菜一樣的簡單，在單車路上他跨騎大江南北、環臺、絲路、環騎中國、川藏線、滇藏線都有他的騎跡，單車路上傳達他的健康、積極、感恩的信念。

與蔡正勝起緣於「2011年國定古蹟麥寮拱範宮開山媽祖48小時單車接力環臺祈福繞境」的活動。蔡正勝帶著媽祖率領鐵飯團車隊，在數百位騎友的護持下，以三天兩夜48小時接力完成單車環島，途中拱範宮開山媽祖駐駕在各縣市媽祖廟賜福，更登上臺灣高樓地標「臺北101大樓」，之後再以單車48小時接力方式完成全中運聖火傳遞，讓臺灣各地更多人認識開山媽祖，得到媽祖平安賜福，單車成了蔡正勝護駕媽祖的上乘法器。

蔡正勝領有殘障手冊，在醫學上並不適合從事單車長距離的旅行活動，因為醫師的一句話：「像你這樣，如果靠復健有效，那全世界就沒有殘障了」，讓蔡正勝暗自發誓：「我一定要好起來，不要成為家人的包袱跟社會的負擔」。勇於嘗試的蔡正勝，在2012年與車友林賦茂兩人，共同完成了跨騎單車環中國12000公里的挑戰，這趟旅程蔡正勝也奉請觀世音菩薩、拱範宮開山媽祖兩座神尊同行，蔡正勝說：「全程一路平安，媽祖冥冥中的保佑。」單車環中國的行程中，在浙江蒼南縣連續六公里下坡路段，因為路面顛簸坑洞，媽祖神像震出車外，竟毫髮未損。

蔡正勝在40歲那年歷經蘭州空難，人生從此變成一臺被撞毀的吉普車，就像單車路上車輪洩了氣爆胎，只能自己幫助自己——沒有救援車，藉由騎單車成為復健的手段，每次在單車路上興奮跟疲憊感交集著，像拔河一般，一個要將他推倒，一個則是催促著他，踩下一次一圈的踏板，咬牙含著淚騎出自己一片天，矢志成為最為強壯的人，過著精彩有意義的人生。

　　蔡正勝的故事鼓勵許多年輕人，每一個人都有自己存在的價值，如何能讓我們自己的價值發揮出來，服務更多人，進而影響更多人。在生命的谷底，蔡正勝不放棄自己，勇於實現自己，每一趟單車旅程結束，並不代表世界會停止運轉，必定有更精彩的旅程等著去冒險，也相信你的人生路上，還有更多美景在我們歷經上坡的折磨之後，等著在轉彎處感動你，也有更多溫暖的手在你迷途時指引你，在你飢餓時給予你食物。

　　我們共同衷心期待：未來還有更多類似蔡正勝騎出自己一片天的故事。

　　　　　　　吳國宏．

（作者為國定古蹟麥寮拱範宮總幹事）

22

正義凜然、求變爭勝

朱鳳麟

誰有飛機失事的經驗？相信一般人根本不敢想像！「整個機頭倒插在黃土高原上」，當年日月潭湖畔的中華汽車講師培訓，一位學員自我介紹時，侃侃而談自己飛機失事的經驗，讓人背脊發涼的畫面至今仍然歷歷在目，我看到陽光撒在這位個頭不高、有點瘦骨嶙峋的長官面龐，金邊眼鏡下揮灑出和藹的笑容，還真有些不對稱的親切感。

蔡正勝兄在內部講師團裡「輩份」最高，而我資歷最淺，但是他毫無身段，照顧後進晚輩不餘遺力，工作中總是一馬當先、當機立斷，在中華汽車推動顧客滿意服務成效斐然，早就是同仁們心中的表率，而且數十年如一日。直到拜讀本書才知道，多年來他必須長期忍受身體的劇痛，竟然從未喊苦，人前人後總是笑臉迎人、樂在工作，怎不令人由衷感佩。

絲路之旅險些成為他人生的畢業旅行，而這位生命中的勇士，從身體的傷痛轉化為苦人所苦，長期投入社會公益，從揪團捐獻一部救護車開始，將敏銳的商業嗅覺，轉化為悲天憫人的目光，照耀出大大小小無數助人的機會，廣結善緣的他，得以連結周遭正面的影響力去造福社會，化小愛為大愛。

他是一位甘草型的「大」人物，秉持著心中的信念，面對困難勇往直前，因為只想著幫助別人離苦得樂，而忘記自己身體劇烈的疼痛，因為一心一意做有價值的工作，而持續吸引貴人相助、引爆創新的善行，最可貴的是從不居功，如果台灣阿嬤是阿信精神，他絕對是台灣阿伯阿甘精神的典範。

所謂「人＋谷＝俗」，如果遭逢人生谷底，從此坐困愁城、被阻礙所羈絆，那麼只能成為凡夫。而「人＋山＝仙」，如果心境放寬、格局拉高，問題會被縮小為視野之下的雞毛蒜皮，自然就能超越巔峰、超凡入聖了。事實上，既要有遠大的願景和明確的目標，也就是思想上要「正義凜然」，還要能不辭勞苦、不計成敗、求新求變走下去、跳出來，也就是行動上的「求變爭勝」，唯有思想、行動的合一，才得以大成功。

　　這本書平鋪直敘的敘述中充滿著旺盛的生命力，就像不斷地踩著自行車的踏板，伴隨著自己的喘息聲，一步一步從環島到環騎中國，周遭景色從新竹的山路到3350公尺滇藏公路的香格里拉，有高山、有急流、有汗水、有歡呼，其中道理正是企業轉型的契機，也是社會進步繁榮的關鍵，如果您跟隨蔡正勝的單車走進他書中的世界，就會感同身受、熱情源源不絕，保證不虛此行。

　　慶幸有這麼一位亦師亦友的好長官，從他幽默的為人處世中，我看到不分親疏、恆順眾生的「正義凜然」，從他不與人爭的和藹中我看到不向命運低頭的「求變爭勝」。正勝兄從遭遇空難變成殘障人士，到現在年近70，仍是一尾活龍，相信您也能從他的故事裡，啟發自己去締造奇蹟。

（本文作者為大地企業管理顧問有限公司總經理）

兩條腿凸全球

蔡正勝

　　這輩子，我寫過兩本書。這本為自己寫的生命之書，紀錄40歲空難不死後，走出了新人生的《劫後騎跡——蔡正勝騎出自在人生》。

　　當年，要我寫專業書籍《汽車修理業介紹》的內政部勞工司，還隸屬在內政部。後來改制為勞委會，再升格為現在的勞動部。行政組織變革如此，人的一生也是。執筆寫自己的生命之書過程中，多少前塵往事，歷歷在目。許多午夜夢迴，思及大難不死，想到《易經》裡的「積善之家，必有餘慶」，感觸良多。難怪陳之藩先生說要謝天，要感謝的人真的太多了。

　　記得空難傷後開始復健，第一次跟幾位朋友一起騎車，新店到烏來，我得休息好幾次才騎得到，朋友們陪著我，慢慢地騎，支持我、鼓勵我。其中有位年輕的楊仲凱，更因而陪著我騎了一年多，我們也成了互相激勵的好朋友。要感謝的事說不盡、要感恩的人數不完啊！

　　得到許多人的幫助，我也跑去我太太朱淑麗當兩任理事長的志願服務協會去當義工，有空時全家人就一起做公益。也曾協助新竹縣市自由車隊募款、幫選手借器材，讓他們有更好的設備參加比賽。就這樣默默做了十幾年，也算積德、積善、自助人助！

　　40歲對我來說，的確是人生的重要分水嶺。

　　40歲以前的我，像部吉普車，爬高山也當嚮導，配備強而有力的心臟、爬坡力十足的雙腳，機動性強、活力十足。年年出國旅遊，足跡幾乎遍及全世界。

40歲發生空難後，我像一台被撞毀的吉普車，頸椎受傷，全身關節就像螺絲鬆脫了，引擎動力全失。撞毀的車，只剩兩條路，選擇報廢，還是慢慢修護。要修護瀕臨報廢的車，談何容易，不單是大筆支出，還要有十足的恆心與毅力啊！

　　復健期像牛車，牛步般非常緩慢的進步，但我用牛一般的意志，忍著復健過程的辛酸、苦痛；咬著牙、含著血淚，堅持下去。目標只有一個，那就是：脫離殘障的軀幹，變成最強壯的殘障人士。

　　當騎出一片天時，就像跑車。為了成為最強壯的殘障人士，我開始挑戰各種自行車活動，全力以赴。幾年下來，不只是自我訓練的成效，也騎出自在的人生。才有後來數不清次數的單車環臺、兩度從福州上岸環中國、挑戰川藏公路，及跨騎滇藏公路到達布達拉宮。

　　單車環臺、環中國期間，讓我年輕活力的感覺又回來了。55歲，開始單車長途旅行，像部休旅車。單車裝上駝包，啟動了千里、萬里的騎程；空難後，一身軀殼，從待報廢的吉普車，修護成可到處旅行的休旅車。十幾年的光陰，這過程，值得，因為「我終於回來了！」

　　為了能像四輪傳動車，騎上川藏、和滇藏公路，我做足了準備。整整一年，到健身房，請教練訓練核心肌群、肺活量、肌耐力。努力騎飛輪，用心跑跑步機，讓全身機能恢復到30歲的狀態，這時的我，馬力十足，不懼任何障礙，勇敢去挑戰世界之巔。

　　回顧過往，我的人生像拉力賽車（Rally Racing）。

這種世界上最嚴苛的汽車越野賽事，需具備最高性能的動力，在柏油路面、碎石路、泥沼地、雪地上都要能一樣地奔馳；時而飛快狂奔、時而陷入泥沼，無時無刻都須備足面對困境，奮力爬出的馬力，克服難關，邁向目標。我的人生，也許曾有四分之一陷入泥沼；另外的四分之三，則因矢志成為最強壯的殘障人士，過得既精彩又有意義。

第一章

一趟
改變人生的
絲路之旅

　　跟大多數人一樣，忙碌的上班族生活就是我的全部，每天從新竹開車到楊梅中華汽車上班，腦海裡除了公事，期盼的就是假期。1992年9月29日，與同事、好友計劃多時的日子終於來臨，利用工廠歲修的12天假期，邀了中華汽車同仁和新竹好友共十人，踏上以前只在書上讀過的中國絲路之旅。

　　16：30的飛機，13：30還在公司開會，會議結束，衝回辦公室，提起行李，匆忙出門。同事開玩笑說：「一路順風，不能出事喔！」我不經意地回了一句：「不會有事的，要是有事，就上電視。」

狀況一　機翼漏油

　　出發首日，臺灣飛廣州，廣州一日遊。在白雲機場附近住一晚，翌日一早，直飛新疆維吾爾自治區的首府烏魯木齊。

　　在這架西北航空班機上，大家早已坐定，到了起飛時間，突然又把機艙門拆下來，一群技師忙上忙下。

　　「飛機怎麼了？」基於身為汽車專家的好奇心，我忍不住走過去問。

　　「沒事兒……，機翼漏油，修一下就好！」大陸人一貫的回答風格。

　　整機乘客頓時鴉雀無聲。心裡都在發毛吧！

　　依照飛機維修標準來看，要在機場上修漏油，真的有難度。就這樣搞了很久才起飛，心裡還真毛毛的，好在是平安抵達。

9月30日傍晚到烏魯木齊，這天恰巧是冬季的開始，第一場雪，我們遇上了。到天山南麓，在一條黃楊木林道上，滿天落葉隨風飄下，這般景致震懾我們：漫天飛舞的黃楊木葉片，時而快速旋轉，時而飄逸跳躍，像美麗的少女舞者，風就像它的音符……，引來無限讚嘆。

仙水有喝有保佑。

到了天池邊，道路積雪盈盈，水面履冰薄薄。

就在大家伸手舀水喝的當下，我大喊一聲：「停……！」要大家跪著以口就水，虔誠地跟王母娘娘禱告，祈求絲路之旅平安順利。於是，大家跪地俯趴、以口就水，喝著王母娘娘的瓊漿玉液。

後來沿途發生很多事，都能化險為夷，真要感謝神明保佑。

絲路之旅的導遊分全陪跟地陪，全陪小王來自西安。他說：「我們走的絲路是西北偏僻路線，一路顛簸。車子拋錨等救援，可能就要半天，狀況會很多，請大家多包涵。」

狀況二　輪胎漏氣

絲路的美跟狀況一樣讓人驚嘆。我們搭中巴到大板城（後稱達坂城），想探究大坂城的姑娘究竟有多美，腦中浮現了《大板城的姑娘》這首歌。

《大板城的姑娘》是王洛賓在蘭州編曲的第一首維吾爾族民歌，歌詞：

大板城的石頭　硬又平啊　西瓜兒大又甜呀
那裡有位姑娘辮子長啊　兩個眼睛真漂亮
你要嫁人　不要嫁給別人　一定要你嫁給我
帶著你的嫁妝　領著你的妹妹　趕著那馬車來
你要嫁人　不要嫁給別人　一定要你嫁給我
帶著你的嫁妝　領著你的妹妹　趕著那馬車來

　　大板城不大，只有縱橫幾條街，來回走一趟，沒看到幾個年輕人，更別說年輕貌美的姑娘。問當地人，他說：「這裡以前交通不便，村裡近親結婚，幾代後就變了樣，變得不美也不聰明。近來，年輕人都出外掙錢了。」

　　回到中巴，發現輪胎漏氣消風，傳說中爆掉的內胎可用針線縫合的補胎技術，在這裡親眼見到了。在物資缺乏的大漠，真是高招啊。好險！有高手縫補輪胎，加上貼皮，真不漏氣了，要不，得在這兒過夜，等幾百公里外送來的內胎，不知要耗費多少時間呢！

狀況三　行李丟了

　　中巴行程結束後，換搭吐魯番到北京的火車去敦煌。由於敦煌火車站很少班次停靠，只能搭到柳園站再由中巴接駁，但下了火車，人到敦煌，行李卻沒到。大夥兒開始推敲：行李還在火車上？會被送到北京嗎？回臺灣也拿不到行李了？還是行李下了火車，但遺留在火車站沒載過來？

　　我回想，行李有下火車，好像上了一台有鋁箱的小貨車。地陪卻說

沒有，他們派去的貨車沒接到行李。就這樣，行李失蹤了，而我們在很多飛天美女雕像的敦煌街上束手無策，心裡想著：行李丟了，怎麼辦？然後最緊急的事，竟然是大家只顧著買內衣褲……，為晚上盥洗更衣做準備。

　　隔天去莫高石窟，一群人來到最大的第96窟佛雕像前，我集合大家，然後虔誠祈求能找到行李，也感謝老天讓我們一路狀況不斷但算順利。

禮佛有求有應驗

　　大佛似乎聽到我們的心聲，在往晚餐的途中，我看到路旁一台鋁箱小貨車，直覺昨天在柳園載走我們行李的就是這種車，這部車的後車廂鎖著，我找了一根木棍稍微敲開，瞄到我們的行李。

　　我大叫：「找到了。我們的行李在這台車上！」

　　車子停放路旁，但找不到司機，地陪報警，公安來了，公安問我：「確定裡面的行李是你們的？」我大聲回答：「是！」

　　那時剛開放臺灣人到大陸旅遊，我們備受禮遇，公安不敢怠慢，直接找來工具敲開大鎖。就這樣巧合加幸運地找回了行李，有拜有保庇，真的！

第二章

遇上空難
鬼門關前走一遭

離開蘭州前一晚，大夥兒討論要搭火車還是飛機，火車要一整天，飛機只要兩個多小時，我們決定多留些時間遊西安，就請導遊安排飛機。26 年前的蘭州機場不大，只飛中小型飛機，我們搭武漢航空的包機，這航班被 14 位法國人承包，我們十人併機加入。

空難當時，我沒睡，但不知道為什麼竟然失憶十分鐘，完全不記得空難前幾分鐘到墜地的那一霎那。

事後，當時在中華汽車擔任服務管理課課長戴春福在《中華人月刊》敘述空難過程，是目前所留存最翔實的第一手資料，摘錄如下：

中川機場在蘭州 50 公里外，我們一群人在機場等飛機，沒事聊到保險，同行的國華人壽經理陳澤民說，他要是意外死了，老婆可以領兩千萬元，蔡主任也說，他保一千萬元，接著，鄭家兄弟開玩笑說：「現在投保，還來得及？」陳經理說：「只要傳真或電話將資料傳回臺灣，就算數！」

10 月 8 日 13：50，我們與法國團一起驗證登機。法國團 14 位，都是退休的老先生、老太太。我們比較年輕，先登機進入機艙。這架民航機，是雙螺旋伊留申 14 型軍用運輸機改裝的，看起來非常老舊，機艙有九排座椅，每排四個座位，走道在中央。鄭家老四選擇右側第一排靠窗，我選擇右側第二排靠窗坐下，窗外正好可望見螺旋槳。法國團隨後進機艙，在前端等待入座。此時，空服人員說：「隨便坐，隨便坐，位子都夠。」

一位法國人站在我座位前望著我，拿著票根指著我的座位，隨後法國團全陪跟我們抗議，說他們要對號入座。於是，蔡主任在後排說道：「前面螺旋槳聲音很吵；大家都到後面坐，不要跟他們搶位子了！」

我們拎起隨身行李，起身走到後面，那位法國老先生說了聲 thank you，我沒有答腔，心裡抱怨著法國佬還真會拗。

我走到右側最後第二排靠窗坐下，往後一靠，不料椅背無法固定，一直往後倒，把後排橫躺的機艙人員壓個正著，害我連聲說對不起，心想什麼爛飛機，把椅背扶正，正襟危坐，深怕再把人給壓著了。

14：10起飛。飛機吃力得像蜻蜓點水，在地面上跳了幾次才成功飛上天；約一個小時後，大家在閉目養神，突然間駕駛艙的門打開了，走出一位機員，朝著左側二排向窗外望了望，然後回到駕駛艙內，坐在左側的陳經理說左邊的螺旋槳不轉了；一股寒意從我腳底湧起！

轉頭望向窗外，萬里晴空，高度大概有兩、三千公尺，地面景物隱約可見，飛機仍然飛得平穩，從此兩眼視線不敢離開窗外，盯著右側引擎，它的排氣口仍然吐著淡淡清煙。前日遊敦煌莫高窟參拜佛祖雕像時，許願佛祖佑我平安、全家健康之辭重現腦中。

約五分鐘後，駕駛艙門又打開了，仍是先前那位機員，再向左窗望了望，又朝右側窗探頭。坐在前座的法國人不知道講些什麼，

機員手指指向右窗外，豎起大拇指返身進入駕駛艙口時，我向左側人員求證：「左側螺旋槳是否已經修妥？」陳經理回頭說：「左側螺旋槳仍然不轉！」

望向窗外地面仍是一片光禿禿的起伏山巒。霎那間飛機鑽入雲裡，白茫茫雲霧擋不住視線，右側引擎變得沉重；不祥之感湧上心頭，映入眼簾的是爸媽妻兒臉孔。突然間出了雲層；我驚叫了一聲：「離地這麼近！」只覺得駕駛猛踩油門，引擎聲變得更撕裂般。橫在前方一個山頭的景象愈來愈大；啪啪巨大兩聲後，整個身體被座椅強力往前擠壓後騰空翻轉，五臟六腑巨痛得像快要撕裂一般……。

大難不死，如夢一場

鄭家老五喊著：「銘家、銘家，你在哪裡？」聲音傳來，我才意識到已經站在地上；檢查手腳，都受傷流著血，腳仍能移動。左側地上躺著一個滿臉鮮血，身上還被座椅壓著的法國人。

民國 91 年 10 月 10 日臺灣報紙大篇幅刊登我們空難的消息。

10 月 8 日我們的飛機撞毀在蘭州的黃土高原上。

我們的全陪小王先生用手捂著滿臉鮮血的眼睛說：「我是不是瞎了？我是地陪還是全陪，我怎麼會在這裡？」

領隊廖先生用手捂著眼睛說：「我們墜機了，大家有沒有怎麼樣？」一會兒聽到保險的陳經理說：「我們十位都還活著，真是老天保佑！」

機外氣溫寒冷，加上驚魂未定，又開始下雨，雙腳不停的顫抖。陳經理拿出糖果，讓每人嘴裡含一顆，並要我移動到尾翼底下拿一個破碎的泡棉墊，要我坐下。空中小姐也凍得全身發抖，我示意她到我的身邊避雨。抬眼望去，整個機身盡是撕裂扭曲的鐵皮，像是一團廢鐵堆；機翼倒插在土裡，沒有煙硝味、沒有哀嚎聲、只有濃濃的汽油味撲鼻，雨水沿著尾翼滴下來。

郭志隆表情痛苦的躺在我身後，並要大家留意可能會起火。

空中小姐問我受傷了嗎？我望著她回話：「沒什麼大礙，慶幸我們都還活著！」陳經理拿起相機說：「我們很幸運，笑一個！照相留念。」

等待救援

20分鐘後，有農民陸續趕來，其中一位姓史的老者，是山下一所小學的校長。他要我們到山下的小學避寒、等待救援，我在一位農民的攙扶下，走了半個鐘頭，到他們所說的小學，學校的老師為我們生火取暖。

一名當地衛生所的草地醫生拿一支針筒，說是「破傷風跟止痛針」，要給大家注射，我馬上說不用。他又拿起兩顆藥丸要我服下。

一位老師說已打求救電話到縣城，山上偏僻，救援車需要三個鐘頭才能到，要我們幾位能走的，走到校長家的炕床上休息，一直到 21:40，救援車隊終於到了，一部小巴把我們運往一百公里外的蘭州。

途中走在陡峭崎嶇的黃土高原峽谷中，李先生因手臂骨折，痛得一路呻吟著。到達蘭州已是午夜零時，我們被送往蘭州軍區總醫院。

院方已接獲消息，通知醫師與護士都在門口待命，安排照 X 光後，一位護士進來，我問：「要給我包紮打針吃藥嗎？」她回說：「夜裡藥局的人員都已下班，你的外傷很輕微，已經止血，脊椎受傷需要平躺；天亮後就會有醫師來看。」

10 月 9 日約 02：00，獨自躺在約五坪大的病房中，天花板上亮著發黃的燈泡光，室內顯得有點陰沉，一闔眼，剛剛發生的一幕幕景象就不斷重現。心中惦念著，新聞發布後，家人、親朋、同事不知道會如何擔心？同伴是否和我一樣可以挨過這一關？

08：00，甘肅省有關的領導、省長、書記，都帶著鮮花來探望。接下來，團員們也串門子互相打氣，大家寫好報平安的傳真函，

委託認識的朋友快點幫我們發送回臺。午後陸續有紅十字會、對臺辦、航空公司及旅遊局、國務院的人來慰問。

10 月 10 日，受傷較輕的團員到病房探望，我仍和昨天一樣只能躺在床上，吃、喝、拉都要護理員。一位馬姓的護理人專職照料我。

10 月 11 日，臺灣新竹旅行社的總經理李先生趕到，帶來臺灣的報紙，要我放心，說 13 日即可回家。

感激不盡只好謝天

10 月 13 日不到 07：00，護理員為我梳洗、餵食，旅行社李先生說，醫院副院長證實我脊椎壓迫性輕微骨折，可以走動，但為安全起見，一定要平躺，回程中我需用擔架，其他人坐著。約 09：00 到蘭州中川機場，看到載我們的是同型號螺旋槳飛機，心裡想著，要是有火車，那該多好！

11：00 到達西安咸陽國際機場，17：00 飛抵香港，旅行社李先生告知，我因機位及擔架問題必須延後一班飛機，不能與同伴同行。下一班 22：00，機上拆了三排椅子才能固定擔架，我躺在擔架上一路被呵護到中正機場，公司長官帶領了 20 幾位同事，捧著鮮花、帶著畫報來迎接，看到爸、媽、妻、兒眼眶含著淚水，我也禁不住淚眼，模糊雙眼了。

23：00，救護車將我們載往林口長庚醫院，蘇副總經理等在門

口，陳月雀小姐特地給我一封林信義總經理親筆慰問函。看到副總、同事及家人層層的關懷眼神，心中不禁感謝：「老天爺對我太眷顧了！感謝長官、同事對我的關懷照顧。」

後記：此次的「絲綢之旅」差點真成了「死愁之旅」，千萬個巧合加上幸運，使得我們這群臺胞全部活下來，冥冥之中如有老天爺庇護；更要感謝那位替我們犧牲的飛行員，如此精確地摔落在相當於一個籃球場大的黃土坡上，如稍有偏移，我們將粉身碎骨。另外，法國人的換位，蔡主任一句：「前面螺旋槳很吵！」使得坐在前面的同伴改後面，也改變了鬼門關裡的生死簿名單。

空難前幾分鐘到摔完後幾分鐘，我是失憶的。空難當時，我應該是被拋出機艙外的，因為頭上一坨泥巴，三天後才洗掉，頸椎嚴重受傷應該是頭部著地所致，後來並造成我左半部漸漸癱瘓。

我只記得，我們被救到史校長家，躺在溫暖炕上，小腿流很多血，褲管都染紅了，怕血沾到棉被，把腳伸到棉被外，史校長看到，就把棉被拉好，直接蓋住我的腳。我跟五、六位躺在炕上的夥伴說：「我們把校長家的棉被弄髒了，是不是該湊點錢給校長買新棉被！」因為大家隨身行李都沒拿，口袋裡的錢，湊一湊只有五百多元。

來探訪的人絡繹不絕，等到沒人時，我叫住校長夫人，硬把錢塞給她，約半小時後，校長跑來說：「萬萬不可，錢拿不得啊！」
為了報答史校長，回臺後跟史校長說我們要捐一筆錢給學校，後來演變成由鄭家老四去幫忙蓋了一間現代化的學校。

　　我們當時搭的是武漢航空從蘭州飛西安，飛行 1.5 小時，左引擎突然停止，剩下右引擎回航蘭州機場，途經大雲層後急墜地面，飛機斷成兩截，機頭插入黃土泥地，機身因機翼打到地面，後半機身旋轉了 180 度，坐在後半段的幾乎都被拋到外面，雖是黃土地，因雨而地面濕軟，且沒有起火爆炸，我們得以幸運生存下來。

　　此一航班的乘客含機組員共 34 人，墜機當場死亡 14 位。法國人 14 位，死了九位，中國人十位，死了五位，臺灣人十位全部存活。

　　空難讓我的頸椎嚴重受傷、鼻樑歪掉、上門牙鬆動。事後頸椎壓迫造成左半身逐漸萎縮——左手慢慢萎縮到完全不能舉；左腳肌肉消失三分之一，成了跛腳。脊椎因壓迫痛不欲生，常在床上痛醒，每天吃很多消炎藥、肌肉鬆弛劑，連治療僵直性脊髓炎的藥都吃了。

　　鼻樑歪了，沒去美容手術，就讓它一直歪著；上排牙齒鬆動，幾年之內一顆一顆掉了，成了「無齒之徒」，50 歲不到滿口假牙……。

　　醫生判定我無法恢復，開給了我終身不需複檢的殘障手冊證明。但我決心要靠著毅力，成為最強壯的殘障人士。

第三章

持志以恆的
復健人生

空難的最大後遺症，是我的頸椎神經受到嚴重壓迫，脖子逐漸僵化，每每要轉頭、伸長脖子，活像個機器人，都是緩慢的分解動作，還有左手左腳的神經也開始麻痺萎縮了。

1992 年 10 月臺北一家大型私立醫院剛成立，還沒使用勞健保，自費看診。空難幾週後，因常胸痛而被轉到胸腔科。X 光一照，哎呀，肋骨斷一根，得進一步詳細檢查，從胸腔科開始，接著骨科、神經外科、神經內科，該做的都做了，包括電腦斷層攝影（CT）、核磁共振造影（MRI），還有神經電導測試，做完所有檢查，都說正常，找不到左手左腳麻痺、逐漸萎縮的原因。就診了三、四年，都沒有辦法減緩萎縮，後來有人介紹到一家醫學中心。

第一次到這家醫學中心看診，早上的門診看完，被留到下午，在醫生的研究室脫了只剩條內褲，躺在冰冷的實驗台上，醫師帶了幾位研究生，開始一系列的檢查，我全身接滿感測器，搞了很久，結論也是「一切看起來都很正常。」

多虧勞健保支付

之後每週固定時間到這家醫學中心檢查和復健，又持續兩年，手腳沒好轉，只見更萎縮。最嚴重時，手舉不起來，連開車握方向盤，都要靠右手抓左手去握，只要右手一放開，左手就又彈回去、握不住方向盤，擔心開車不安全，我的生活起了變化，出門得依賴老婆。

左腳也逐漸萎縮，肌肉「瘦」到剩原本的三分之二，走路明顯一跛一跛，我變跛腳了。脊椎也開始變形疼痛，晚上睡覺，常常一翻身就

痛醒。每天靠藥物消炎止痛，每次要吃的藥丸不下十來顆。

這個時期，只要有人介紹哪裡的國術館好就往哪裡跑，從北部到中南部都有，每天南北奔波，希望能夠找到好的國術館師傅。其中，竟有一位師傅說我的肩膀已粘黏，得折開才有救，聽了頭皮發麻，從此不敢再去。

在這家醫學中心看了一段很長的時間，每週固定複診、復健。有一天跟醫師聊天，我問：「我這麼勤快復健，為什麼還會萎縮？」醫生笑著回答：「復健只是延緩萎縮的速度。像你這樣，如果靠復健有效的話，那全世界上就沒有殘障了。」我一聽就說：「我懂了！」

此後，我不再去這家醫學中心，把往返車程的時間省下來，增加運動的時間，並改到新竹馬偕醫院看免疫系統科，持續追蹤病情。

醫生的這句話改變了我的後半生！

這七年期間，每週固定一次門診，加上其他額外檢查，數百次的勞健保費用，如果自費，那可是個天文數字。還好醫生開了證明，讓我領有身心障礙手冊和重大疾病卡，連部分負擔都付得很少。

感謝國家的醫療措施，否則早就拖垮我的經濟了。

領有身心障礙手冊的初期，我很自卑、很排斥，從來都不願意承認自己是個身障者。但生活上處處需要依賴別人，尤其是開車，既困難

也危險。有時急事要出門，老婆忙，就得看她臉色，次數多了，真的很沮喪。有一次，根本找不到人幫忙，於是我就暗暗發誓：「我一定要好起來！」

每每想到醫生的那段話：「像你這樣，如果靠復健有效的話，那全世界上就沒有殘障了。」我更下定決心：「不要成為家人的包袱跟社會的負擔。」

踩踏出復健之路

第一次騎單車復健，一跨上車，雙手握住車把，手就痛不欲生。踩踏都靠右腳出力，新竹南寮一趟个到 20 公里，騎到快虛脫，汗流到全身溼透。即使克服身體的疼痛和疲憊，踩踏單車到南寮，只能在假日，一周最多來回兩次。南寮騎沒幾次，就異想天開，想騎到楊梅上班，這樣一週可以騎五天，來回十次。我心想：「這樣應該可以加快復健的速度！」

家住新竹，每天開車到楊梅中華汽車上班約 30 公里，改變就從一覺醒來的那一刻開始——我決定騎單車上班。剛開始，05：00 前出門，30 公里要花三個多小時，到公司後換好衣服再上班。16：30 下班，我那段時間都是最準時下班的主管，心想：「如果沒有好的身體，還談什麼工作啊！」所幸公司主管跟同事都很能體諒我，遭受空難的意外和復健的努力。

持續一段時間後，單車愈踩愈順，上下班的車程，從三小時減為兩

小時，再到一個半小時內。藥物也從一天 15 顆減為十顆，減到一顆都不用。經歷了一段很長的時間，腳明顯好轉，但手無法往上舉，還是沒改善。

20 年前，健身房還不是很流行，我找到賣健身器材兼營健身房的店，每天吊單槓——硬是把手舉起來——用身體重量強制拉筋，那種痛真是無法言喻、難以形容啊！終於皇天不負苦心人，在一段時間後，就感受到萎縮的手漸漸有了起色，於是自我要求也越來越高，想要完全跟正常人一樣。

因為身體因素，沒有辦法一直都是最早下班的主管，所以我就辦理「60 專案」，提早退休。所謂「60 專案」就是年齡加上年資等於 60。

中華汽車退休後，就近在新竹的 Honda 工作，離家近，運動時間也多了。我依然每天騎單車上下班，假日就騎車到處走，比上班還忙。剛開始，假日從新竹往南騎到竹南，變成到通霄；往北騎到永安，變成到林口電廠，從短程到中長距離，後來可以從新竹騎到麥寮拱範宮，路程約 168 公里，騎的時間從早上出發黃昏到，變成全程約六個小時，大概 13：00 抵達。

十年後健身房變多，我加入健身房當會員，花十多萬元買鐘點請教練，每週兩次，針對身體的缺陷加強訓練，核心肌群強壯了，全身肌力跟著進步。

我在居家的屋樑上釘了兩個滑輪，每天靠著滑輪右手拉扯、左手不停地動；坐在客廳邊看電視邊拉，這樣的動作重複了幾萬次、幾十萬次，手在不知不覺中漸漸好了起來，最後可以自主地舉起左手。新竹醫生看到我好轉，就開玩笑對我說：「要回收身心障礙手冊囉！」

最強壯的殘障人士

第一次參加正式的單車越野活動，是美利達舉辦的登山賽，還被隊友推上台介紹說：「蔡正勝因為一次空難受傷以致殘障，靠著無比的毅力復健，現在可以出來騎車了，他是一位令人敬佩的生命鬥士！」

可惜的是，第一次參賽，從松柏嶺出發，我跑完五公里，再騎 20 公里山路，就體力不支、停在路邊吐了，沒有完賽。第二次參加北海岸挑戰賽，從福隆到三芝回頭，到金山轉進山裡開始爬坡，這次撐住完賽。第三次參加太平山挑戰賽，一路龜速前進，被很多女生「超車」了，途中下車吃點補給品，還是堅持到最後，竟然得 50 歲組第五名。這對我是莫大的鼓勵。

後來，我還陸續參加了很多次中華民國騎士協會所舉辦的比賽或是 NeverStop 永不放棄系列的活動，還有花東二日賽、東北角、挑戰塔塔加、挑戰武嶺、戀戀 193、環彰化 139 線等等。

除了單車運動，我還參加過兩次的十公里和兩次半馬的馬拉松，爬了玉山、雪山、合歡群峰、嘉明湖、三叉山、向陽山、奇萊連峰等 20 餘座百岳。

在這段期間，不知不覺把自己練就成「最強壯的殘障人士」。

第一次環島，是跟竹南的林賦茂，以六天半騎完全程。行程是：第一天新竹到麥寮；第二天麥寮到高雄；第三天高雄到滿州里牡丹灣；第四天滿州里牡丹灣到都蘭；第五天都蘭到南澳；第六天南澳到淡水；第七天中午前回到新竹。每天都是 160 至 200 公里。長途對我來說，沒什麼問題了！

為古川先生陪騎尋根

後來，只要有臺灣或中國大陸來臺的環島朋友找我，我都陪騎。印象最深的是，2015 年 4 月，72 歲的日本人在臺灣出生的古川辰馬先生透過 E-MAIL 說他想來臺環島，要到高雄尋根，我也陪騎。當時的《中國時報》還做了報導。

1945 年 8 月 14 日日本宣布無條件投降，古川辰馬未滿週歲，就隨著家人匆匆離開臺灣。71 年後，他想來臺看看出生地和父親曾經工作過的鳳梨工廠。剛開始，古川先生用 E-MAIL 連繫，我請住在高雄的大姊到高雄新興區公所協助查詢，因個人資料保護法「非本人無法查詢」，轉請高雄市市議員郭建盟居中協調，請區公所先找找看有沒有古川先生的資料，區公所查後回覆有，只要古川辰馬本人來申請即可。於是我就接下這個任務，除了陪騎環島之外，還幫他尋根，做了一次完美的臺日民間交流。

還有一次精彩的環島之旅。緣起是朋友說到，日本四國島最有名的環島叫「遍路」：四國島上有 88 座與弘法大師有淵源的寺院，繞完

88 座寺廟、1400 公里，也就環完四國島。臺灣寺廟更多，於是策劃了一次 120 間沿海各鄉鎮的媽祖廟之旅，全臺廟宇有很多提供便宜住宿的客房，可以多加利用，全程下來花費不高。

這一趟 14 天，騎了 1350 公里，繞了臺灣所有沿海鄉鎮，每到一間媽祖廟，都會停留一段時間，跟廟裡的主委或地方耆老聊聊廟的故事。每一座廟都是當地的信仰中心，是居民的精神寄託所在，聊完廟的故事，也等於聽了這個鄉鎮的點點滴滴。一般環島只要繞一圈就說環過島了，此次深入各個媽祖廟，聽到的、看到的更多，收穫也就更多。把補給站設在 7-11，要花錢，若停在廟裡，不僅有水喝，還常有意想不到的仙草冰、米苔目冰、運動飲料等等，甚至廟方還會熱情邀約，請大夥兒吃飯。整個環島 14 天，每人花費不到新台幣 8000 元。

之前聽說苗栗後龍拱天宮白沙屯媽祖的繞境，不按牌理出牌，媽祖很隨興，想走哪兒就走哪兒，心裡一直存疑。這次載著雲林麥寮拱範宮的媽祖金身出門，繞了 120 間媽祖廟，才真正體會到箇中奧義，媽祖想更改路線，到祂想去的地方，就會讓我們走錯路，然後這一個小意外，帶領我們到另一處更棒的地方，這時候才深深體會到媽祖的無形力量。

父親的身教與言教

在漫長復健的過程中，我曾想，我有這麼大的意志力，應該得之於父親的身教與言教。

我的父親民國七年生，如果還健在，現在已經 102 歲了。在那個年

代，他算是個異類。他深藏的秘密，一輩子從沒跟任何人提過，連最親的妻兒都是，甚至從公務機關退休，也沒說出那個秘密；就因為沒講，他的公務員年資少了四、五年，少領了退休金。

這一切緣於父親當時長官的一句話，於是他深藏了一輩子。長官說：「你們這種身分的人，絕對不可以隨便透露出來。」

前些年，整理父親遺物，發現一個土黃色、陳舊牛皮箱，裡面放著整整齊齊的文件。打開後，發現父親竟有三本護照，一本是中華民國的、兩本泰國的，兩本泰國護照有各有不同的名字。再打開其他文件，第一張是一張情報人員第一期的修業證書，接下來是工作分派。喔！父親是諜報員。

父親當諜報員大約是四、五年，就轉到其他公家單位。轉單位時，上級交代：身分敏感，不可透露。新單位接到一紙公文，也不知道這位空降的是何許人也。在新的公家單位當了 30 多年公務員，每次升等、升官都沒份，因為他是一個來歷不明的人，也就這樣深藏身分、懷才不遇過了一生。

父親柔道三段、劍道一段，曾經在碼頭阻止工人做不當的勾當，被一群走私販子圍起來，結果他使出柔道，一下就解決對手，碼頭工人從此不敢惹他。我的父親，真的很酷！有父如此，孩兒當如是。

 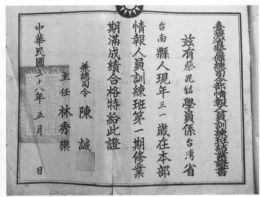

日本灣生（日本人臺灣出生的）來臺尋根。　父親是情報員，搞不好就是長江一號。

第四章

化身回饋社會的天使

有人問我：「空難對你的人生是否有改變？」

「當然有！」我變得愛挑戰，也愛管閒事。

我們十位在蘭州空難大難不死的兄弟，決定捐錢給新竹天主教德蘭中心，派我去詢問需求。我到德蘭中心，遇到修女開著一台小車，上面擠了八、九位小朋友。

等修女下車，我問：「我們想捐些東西，但不知道德蘭中心缺什麼？」

修女就把小朋友叫回來問：「你們最想要什麼？」

小朋友異口同聲說：「我們想要一台大大的車！」

修女接著說：「我們缺一台九人座的車。」

當天中心有很多小朋友感冒，那台小車擠了這麼多人一起去醫院看病。

本來想捐的金額是新台幣 20 萬元，聽小朋友和修女這麼說，當下直接回答說：「好，在聖誕節前會把大大的車送給你們！」

修女於是再集合小朋友一起禱告：「你們跟主禱告，想要一台大大的車，現在主聽到你們的祈禱，馬上派了天使，要送給我們車子，大家快跟叔叔謝謝！」

小朋友再次異口同聲喊著：「謝謝天使叔叔！」

結果我就成了天使。

改變臺灣高工技職教育

臺灣職業學校汽車科每年都會舉辦工科技藝競賽，是全臺職校的年度大事，當時由國立臺灣師範大學工業教育系承辦、許良明教授統籌。1999 年，許良明教授為提高此項技藝競賽的水準，需要用到電腦控制的噴射引擎。

他打電話給 TOYOTA、福特、裕隆等汽車公司尋求支援，都沒有獲得具體回應，之後打來中華汽車求援，總機一聽，馬上把電話轉到在服務部任職的我。許教授說，所有汽車都已進入電腦噴射時代了，但職業學校汽車科多數還在用 20 年前的設備教學，比如化油器、白金分電盤等傳統引擎，和實際情況脫節很多，簡直落後了一個世代。

聽完許教授的話，我立馬寫份報告，說明臺灣高工汽車科的教學設備落後，怎麼可能教出好的汽車修護人才，中華汽車贊助三菱菱帥的教學引擎給學校，學校教學生中華生產的車輛修護，等於讓學校幫我們訓練人才。

這一份報告建議製作 40 台全新教學引擎，需要新台幣 1000 萬元，當時總經理林信義簽核時說捐贈額度超過他的權限，要上呈副董事長嚴凱泰，報告就往上送呈，不僅嚴凱泰，最後連董事長吳舜文也簽了。吳舜文還嘉勉我：「要做，就要做最好的，就要持續做下去！」

1999 年松山工農辦理全國高工技能競賽，我應邀參加賽前會議，許教授和所有汽車科老師正在討論比賽器材還沒有著落，我舉手站起來發言：「我是中華汽車代表！」

許教授高興地拉著我到前排主席旁，我接著問：「大家想要中華汽車怎麼配合？」與會老師你一語我一言後達成共識，希望能提供全新的 20 台教學用引擎，這時我才宣布：「中華汽車這次提供 40 台教學用引擎，技能競賽後再把這些引擎分送給學校。」

哇！現場頓時一陣驚呼聲，許教授也用訝異的眼光看著瘦弱還帶點殘障身軀的我。有了 40 台全新的菱帥（Lancer）教學用引擎，賽前會議可說皆大歡喜。此外，中華汽車還答應在幼獅工業區廠區辦理為期三天、共兩梯次，有關電腦控制噴射引擎的教學訓練，公司負擔所有食宿經費，當時在業界和教育界引起很大的共鳴，中華汽車也贏得不錯的品牌形象。

在有熱心教育的吳舜文董事長「加持」下，我使命必達，要做最好更要持續做下去，因此，這份簽呈持續援例辦十年，前後花了近億新台幣的預算，製造了數百台當時銷售量最佳的菱帥引擎，提供給所有高工汽車科當教學器材，讓全臺的汽車科學生能學到即時且有用的技術，同時引導汽車修護職業教育，從化油器時代進入電腦控制的噴射引擎時代。

如此長期的贊助，似乎都具體的反應在銷售和品牌上，當時中華汽車連續十年銷售冠軍，還有市場調查的 CSI 服務滿意度也是連續幾年

第一名，連 TOYOTA、福特、裕隆的主管都找我問說：「你們是怎麼做到的？」

為受刑人找條更生的路

1997 年，當時的法務部長廖正豪說過一段話：「犯罪受刑人出獄再犯率達 50%，主要是沒有更生的機會，只要犯過罪的人，一般公司都不予錄用，造成受刑人出獄後找不到工作，只好重操舊業再犯法。」

這段話，我心有所感。如果要讓社會更為祥和，一定讓每個人都能自食其力，想辦法讓走錯路的人有機會重來，非常重要，於是跟公司提議，到監獄開設汽車修護課程，協助受刑人學習一技之長，幫他們考取汽車修護證照，也請公司及經銷商取消查核個人是否有犯罪記錄，以便錄用更生人。

這個建議獲得林信義總經理的認可，開始在全臺監獄教汽車修護。在那幾年，我跑遍包含澎湖在內的全臺各監獄，「跑得比監獄管理單位還勤」，到各監獄送引擎跟汽車等，也為受刑人上課，協助他們找到更生的機會；我們的目標是，至少讓受刑人拿到汽車修護丙級的技能檢定合格證書，最好是乙級技術士檢定合格，這樣他們就擁有一技之長，出獄之後方便就業。

為了受刑人的就業問題，中華汽車內部也修改新人就業辦法，取消犯罪記錄的查核，並把這個方案推廣到經銷商，讓受刑人除了能到中華汽車就業外，還可以到經銷商當汽車修護人員，增加受刑更生人的就業機會，這個方案也得到法務部部長的肯定。

　　此外，為了要任用更多的受刑人，中華汽車指派我和中油洽談加油站的附設保養廠，但因中油加油站的高速公路權利沒標到，導致加油站的附設保養廠沒談成，失去任用更多受刑人的機會。

　　還有一次看到報紙報導，有一位住東部偏遠山區的婦人生病，因為沒有交通工具，送到城市醫院為時已晚，內心非常難過，於是想到中華汽車製造過程中的那些測試車輛，與其閒置廠區，不如做更好的用途，趕忙寫了份報告，促成中華汽車跟當時的臺灣省政府衛生處合作，送了幾十台車給偏遠地區，當作救護車及牙醫的巡迴服務車。

　　對於此項捐助，中華汽車認為很有意義，還進一步要求我與總經理室配合，統籌整體的規劃，以創造更大的效益。即使到今天，每每想到當時裕隆集團大家長吳舜文董事長，還有嚴凱泰副董事長、蘇慶陽總經理，他們如此放心、放手讓我有機會善盡社會責任，無限感念湧上心頭。

921地震配合救災運輸

　　1999年921大地震，從地震後的第三天起，我就帶領40位中華汽車員工，每天在災區工作超過16個小時，和南投縣政府蕭惠文負責運輸車輛的派遣跟調度工作，完成調度後，我和蕭惠文也開著車輛加入協助運輸的行列。921的支援工作一直持續做到路都通了、電都來了，我才離開。

　　因災區停電，很多商店包括7-11都不能開發票，員工每天回來跟我報帳，沒有發票，我一樣給付，但沒發票，公司不讓報帳，我也變成

921 的「受災戶」，前後加總，約莫損失了 20 幾萬元。

因為 921 救災工作，跟不少南投縣府人員成了好朋友。後來新竹縣市自由車隊移地訓練，想騎往武嶺或塔塔加，南投好友常常提供免費的住宿，他們說：「921 受你們照顧，如今回饋你們，也是應該的。」

後來離開中華汽車，到 Honda 工作，還繼續做公益。2004 年，我帶領 Honda CRV 飯團車隊，協助世界展望會運送物資到南投縣仁愛鄉平靜部落、信義鄉地利村。每次提到要送物資到偏遠地區，登高一呼，就來了數十台車輛，大家把送愛心當郊遊，快快樂樂地出門。

我的太太朱淑麗當了兩任的志願服務協會理事長，我成了志工的志工。每次她參與志願服務，我就像跟班一樣，總是在旁幫忙。

大部分脊椎損傷者在受傷後，都沒能好好在大地上享受陽光，放風箏更是奢望。我曾多次跟著志工，協助帶脊椎損傷朋友到新竹南寮放風箏，當他們拉著升空的風箏，常常興奮地大叫，他們的家人更是激動。此外，還曾陪幾十位脊椎損傷朋友去旅行，動用的志工人數是脊椎損傷人數的兩、三倍。讓身體損傷的朋友能出外走走，看到他們的笑容，付出都是值得的。

也因此，新竹很多弱勢團體都認識我們，我們也盡可能提供協助，像新竹愛恆啟能中心是個慢飛兒的庇護中心，我們夫妻倆都是長期志工，不定期將募集的物資、電器，送到中心義賣，太太更成了中心招牌商品雨林咖啡的「最佳代言人」，逢人就推薦，兒子蔡武穆結婚宴

客的小禮物，也買雨林咖啡，一起推廣，隨時隨地盡份心力，當時我和太太陪著新人一起取貨時，中心主任戴耀賽就說：「每包禮物，都有滿滿的愛心。」

第五章

組成鐵飯團單車隊

前面提到，我傷後的復健之路，是從騎單車開始，而且從中華汽車退休，就近在新竹的 Honda 工作，運動時間變多，也因此有機會和一群開 CRV 的朋友組成鐵飯團單車隊，於是，騎單車從單純復健變成了興趣。

成立鐵飯團單車隊之初，大夥兒到處騎車、到處挑戰。有一天車隊要做一件車衣，從網站上找到拱範宮的 Q 版媽祖圖騰，洽詢拱範宮是否同意讓我們使用這個 Q 版媽祖做車衣，拱範宮一口答應，我們就用這很 Q 的圖案，做了一批麥寮拱範宮 Q 版的媽祖車衣。

拱範宮鐵飯團單車俱樂部車服的正、反兩面有 Q 版媽祖，背後有香火袋，袋上寫著對聯：「騎車平安、小心慢行」、「有騎有保佑、無騎無朋友」。 這款創意十足的車衣，當年曾在網路掀起話題，不少人或詢問或留言：「請問有人知道拱範宮車隊的車衣車褲哪裡買得到嗎？上面有印媽祖 Q 版的圖案還蠻可愛的。一套要多少，謝謝。」

住在拱範宮旁 100 公尺的賣鮮果汁的黃小姐說：「去年阿里山比賽時，有看到這件車衣的車隊在比賽，就很想要買，只是找不到。」後來我穿這件車衣出現在麥寮，被黃小姐發現，她大喊：「就是這件啦！我找好久都找不到，哪裡有賣？」

Q 版媽祖車衣第一版就是鐵飯團車隊，再版就是航翊拱範宮車隊，曾經參加 2 次國際環台賽，還造成轟動，外國車隊都拿他們的車衣要來跟我交換勒。

改組拱範宮單車隊

剛巧這段期間，我認識了新竹捷安特店的阿診店長及在那兒打工的陳育俊，於是帶陳育俊參加中華民國自行車騎士協會主辦的活動。拱範宮吳國寶秘書問我們：「廟裡接受社會各界的資源，如果有人有需要，我們也願意提供一些資源給需要的人！」就這樣促成拱範宮贊助新竹縣市自由車隊，成立了航翊拱範宮車隊。

這十年間，我們協助楊英棋、方芬芳、藍曉雲等教練培育很多國手，還有不少不愛讀書的選手讀體育大學。我除了尋求資源，也出錢出力，提供器材供選手使用：環臺賽摔了一個 Lightweight 的後輪（價值新台幣八萬元）；2017 年全中運比賽出借五組輪圈；一次集團大摔車，破了七個輪圈，損失慘重。

航翊拱範宮車隊的前身是新竹縣市自由車隊。2006 年前，主要成員是湖口國中、新豐國中的選手，由任職新豐國中的楊英祺老師擔任教練，目標是培養成績優異的學生參加各項競賽。2007 年，透過陳育俊介紹，認識了楊英祺老師，雙方理念契合，是組隊的起源；2008 年開始以拱範宮鐵飯團單車隊的隊名參加比賽，有拱範宮贊助車隊訓練經費，選手穿著 Q 版媽祖神像參賽，再加上成績優異，漸漸打開知名度；2009 年首次獲選參加國際環臺賽，拱範宮、航翊科技公司是最主要的贊助者。

早年，新竹的自由車運動盛行，在臺灣，與高雄、臺中並列三大勢力，但自從方芬芳、吳憲堂等亞運國手退休後，再加上車隊經濟來源問題，成了三強之末。後來在我引薦下，拱範宮讓車隊運用 Q 版的媽

祖畫像，還贊助全隊整年比賽、訓練的經費，實力逐漸提升。當時已轉任教練的方芬芳說：「經費不足，真辛苦，比賽還得帶帳逢，在外面露宿，幸好蔡先生幫我們解決了一切。……現在跑人家的隊，不能隨便，要做就要做最好的！」

參加國際自由車環臺賽

2009 年國際自由車環臺賽於高雄市、嘉義縣、臺中市、彰化縣、新竹市、臺北縣、臺北市，分七天七站進行，總里程 820 公里，吸引全球五大洲 23 支車隊、115 名選手參加，騎經嘉義市蘭潭、嘉義縣奉天宮媽祖廟，彰化溪州花博公園、新竹 17 公里海岸線、臺北縣三芝北海岸、八里等風景區，透過 ESPN 轉播，將臺灣之美行銷國際。參賽的臺灣車隊，有捷安特亞洲隊、臺中縣浩捍隊、臺灣富士自行車隊、申騰美利達隊、拱範宮航翊 CKT 隊等。

2010 年國際自由車環臺賽，拱範宮聯隊的鄭勇華在第二站嘉義站表現優異，是臺灣第一車手、所有參賽者第 16 名。國三才開始騎車的他，指著車衣的媽祖圖案笑著：「應該是拱範宮媽祖有感應，才讓我衝出佳績。」

此外，2010 年自行車俱樂部聯賽首度舉行團體計時賽，共 62 隊參賽，其中市民組 47 隊，航翊拱範宮聯隊以 43 分 54 秒 74，排名第一。

發起騎單車環臺活動

除了參加國際或國內競賽，拱範宮車隊還發起「開山媽祖騎單車環臺活動」，主要是祈求媽祖保佑國泰民安、地方平安，同時響應全球

節能減碳、健康環保潮流，車隊沿途宣揚媽祖宗教信仰文化，把媽祖當成單車族的守護神。參加車友先在大殿恭敬上香，祈求平安，隨車媽祖則由廟務人員在領頭車繫上紅棉繩固定，在廟前廣場起馬炮轟然響起後魚貫出發。

環臺全程 1050 公里，分 20 站，以接力方式在 48 小時完成，路程先往北行，順時鐘方向經中部、北部與東部，最後由臺南、嘉義返回拱範宮，沿途停駐鹿港龍山寺、鹿港天后宮、白沙屯拱天宮、南方澳南天宮、臺東湄聖宮、口湖天台宮、臺西安西府等廟宇，與各友廟聯誼，同時供信眾參拜。

最具挑戰性的路段是從新北市福隆到高雄市茄定，長達 550 公里，全程的一半，選在 03：30 出發，是體力、耐力的雙重考驗，而車隊行經許多正在修補路段，或砂石車從車隊旁邊揚長而過，驚險萬分，都是挑戰。

以 2011 年的環臺活動為例，24 名拱範宮單車小將四肢被曬出兩節顏色，戴銘嶔和黃俊逸路過砂石地打滑，小腿傷痕累累，但他們不喊痛，包紮後，立刻趕上車隊繼續完成路程。

2012 年舉辦第六屆，採用 GPS 全程記錄環島路線，提供信眾上網即時查詢車隊位置，掌握第一手訊息，並在各個重點路段錄製新聞短片，上傳至拱範宮 YouTube 頻道，供大家訂閱，以便隨時了解活動現況。

　　這個非常有意義的活動。自 2007 年開始，連續辦七屆，我都擔任隊長，各地籌組的車隊以縣市為單位，參與接力的車友逐年增加，2013 年最後一屆，更串連了各地 800 餘名信眾騎單車跟隨、繞臺灣一圈祈福。

　　一件 Q 版媽祖車衣牽成了一段好事：拱範宮贊助新竹縣市車隊，我們也為麥寮舉辦了七年的環臺全民運動。後來拱範宮列為國定古蹟，開始維修正殿，於是暫停了對新竹縣市聯隊的贊助跟 48 小時單車環臺的活動。

　　2012 年 4 月 14 日，拱範宮車隊發起「萬里騎行，善緣廣結」單車環中國活動，全程歷時四個月、總里程 12686 公里，大陸媒體大篇幅報導臺灣「不老騎士」傳奇，浙江電視台及中央電視台破天荒專訪拱範宮車隊，掀起內地一股「瘋媽祖」熱潮……，拱範宮車隊名揚大陸，則是另一段故事了。

拱範宮 48 小時環台接力，媽祖搭乘單車環島祈福。

第六章

受台積電副總的影響

2007 年 4 月，電影《練習曲》上映後，掀起了環島熱。《練習曲》描述一位學生騎單車環臺灣島一周所經歷的故事，並藉此記錄臺灣的地方風俗、旅遊觀光、歷史故事與社會問題，片中對話「有些事現在不做，一輩子都不會做了」，感動許多觀眾，同年暑假更興起了單車環島的熱潮。

2011 年 8 月，時任台灣積體電路公司品質暨可靠性副總經理蔡能賢出版《放手真好》一書，書中記錄他召集台積電單車社 11 位科技人，單車壯遊 50 天，從北京到巴黎跨越 18000 公里的沿途見聞，交叉對照蔡能賢的職場之路及此趟人生壯遊的最大體悟，那就是「放手真好」這四個字。

在這 20 年間，除了蔡能賢先生之外，對我有較大影響的還有清華大學 EMBA。

2011 年左右，清華大學 EMAB 第四屆招生。我拿了簡章，跟當時的執行長黎正中教授談過，以我當時很谷底的身體狀況，實在不敢報名，可是這前後幾屆清華 EMBA，有好幾位把我當同學，也常常跟這些同學陪騎寶二水庫、後龍好望角、通霄、永安、武嶺等。其中，謝看、王政豐、唐迎華、劉其昌、林文飛、王國興、劉恭甫等陪我一起環島、羅馬公路加北橫、北宜二日行程、一日台中來回等。有清華大學單車社的加持，讓我意志力和體力一直維持在巔峰，還相約「上京去」，騎上海、南京、北京等行程。

2012 年 1 月，畢業於北京電影學院導演系的作家韓梅梅出版《有

些事現在不做，一輩子都不會做了》，她在書中寫道：「每個人都會逐漸老去，時間更不會因為任何人、任何理由而停留。本書倡導的是擁有、把握屬於自己的時間，不要浪費任何一分鐘，去做想做的事情，享受自由的時刻。」

看過電影《練習曲》、讀過《放手真好》，很認同。事實上，我跟很多人一樣，立志要做臺灣人一生必做的三件事：環島、登玉山和泳渡日月潭。

在 HONDA 新竹公司上班，三、五天的假很好請，沒有問題，環島、登玉山很快完成了，泳渡日月潭這件事不是做不到，而是遭遇空難後，我答應過母親不要去游泳。因為早在遇到空難的前幾年，小姪女在桃園龍潭和新竹關西交界處的「童話世界」發生遊覽車墜落山谷事件走了，家族有過陸、空兩次重大事故，不希望「萬一」發生海難，湊足了陸海空；其實家人都會游泳，兒子還是海軍陸戰隊的，但都相互提醒不要去溪流、海域等不熟悉的地方游泳，這樣家族就不會陸海空三種災難都遭遇了。

2012 年，我看到《有些事現在不做，一輩子都不會做了》這本書之後，更加衝擊著我悸動的內心，立下的心願也就更大：我要騎單車環中國、騎上川藏公路到西藏、騎到北極、南極。這時再一次重讀《放手真好》，翻閱第一章就更「電」到我了：我也要改變我的人生！

《放手真好》的 Chapter 1「暫停」寫著：
台積副總，我在這個頭銜下埋頭努力工作

56歲這年，我決定為我的極速人生，按下暫停鍵，用50天，去圓一個夢……請假五十天，怎麼開口

小女生可以，也許我也可以

B2P旅遊計畫，滴水不漏（B2P：北京 TO 巴黎）

單車組裝完畢，蓄勢待發

風中回憶——離開貝爾回臺，加入台積

風中回憶－客戶的打罵，幫台積站起來

北京第一晚，差點沒飯吃

心想，台積電副總都敢請假50天，我一個汽車公司小經理請兩個月假，很難嗎？2012年3月，跟竹南的林賦茂先開始規畫路線，計畫從福州騎到漠河北極村，沿著中國海岸線走，計畫60天騎6000公里。但我對請長假心裡還是忐忑不安。

董事長准假還贊助

60天假怎麼請？計畫4月15日出發，萬事俱備只剩假還沒准。

3月底，林賦茂催問：「你到底走不走？」

我說：「放心啦，我已經想好請假對策了。」

4月1日愚人節這天，我跟總經理提出假單。總經理看了假單說：「兩個月？超過我權限，要給董事長批！」總經理在核准欄旁還是簽了名，寫著：「請示董事長」。

我找葉聰敏董事長，說想請長假去環中國圓個夢。

董事長說：「很好啊！我只有一個條件，就是要平安回來！」

跟董事長開心聊著，他突然問到：「你們兩個人有沒有做制服？公司贊助做幾件車衣！我私人贊助你兩萬元，還有兩個月薪水照給！」

哈哈！原來老闆心底存著鼓勵、良善，也想跟我們去冒險呢！不僅假准得俐落，還給了優渥贊助。

只是衣服剩 15 天，怎麼做？來得及嗎？後來找了勁達車衣公司，年輕的許先生答應十天內設計好圖案、做好 30 件衣服。

為什麼選 4 月 1 日愚人節請假？因為本來盤算愚人節這一天，如果老闆說 NO，我還可以再爭取一下，真不行，就說：「今天愚人節，開個玩笑。」

原本是低調出國騎車，但老闆找了記者採訪，搞得好大場面，弄得大家都知道，沒好好騎完都不行了；也就因為《聯合報》這篇報導，導致日後我們騎到那兒都會被記者「追」到那兒。

假核准了，我在 FB 貼上：「我要單車環中國。」

看到這則訊息的拱範宮吳國寶秘書來電問：「要不要帶媽祖神像去？」

我接著問：「媽祖神像有多大尊？」

吳秘書說：「巴掌大！」

我回說：「巴掌大，可以啊！」

出發前，到拱範宮請媽祖神尊。

吳秘書說：「就這尊！」

啥密！這麼大？光底座都比巴掌還大。整個神尊有 20 多公分高。

就這樣，開啟了我們帶著媽祖神像環中國的行程。

媒體報導我心更堅定

在《雲林新聞電子報》官網、《聯合報》新竹地方新聞版還記錄著這段歷史，也因此我不僅和《聯合報》新竹記者李青霖有了不錯的友誼，也更堅定了騎單車環中國的決心。報導內容茲分別摘錄如下。

《雲林新聞電子報》官網
（Posted on　2012 年 4 月 15 日 by yunlin）：

麥寮拱範宮單車車隊由林賦茂、蔡正勝領軍，預計於 4 月 14 日 15：00 於拱範宮出發，前往中國黑龍江，途經寧波、杭州、上海、南京、天津、北京、大連等各大城市，歷時四個月，路程

總共 12686 公里，堪稱臺灣有史以來時間最長、距離最遠的、最富有宗教意義的單車活動。

主委許忠富表示，這次主題為縱橫中國作陣「BIKE」拜，除了配合國際的節能減碳潮流，為了讓湄洲島祖廟感受到我們的誠意，全程以單車方式前往謁祖，希望媽祖繼續可以保佑臺灣這塊土地。

【聯合報記者李青霖／新竹報導】：

60 歲、領有殘障手冊的 HONDA 新竹公司經理蔡正勝，和 58 歲的好友林賦茂，即將展開為期三個月以上環中國大陸單騎之旅，他說，「不希望生命有遺憾！」蔡、林明天在贊助者之一雲林麥寮拱範宮辦啟程儀式，15 日從松山機場飛馬祖，循小三通到大陸福州馬尾，沿路北上，從福州到黑龍江，約 5500 公里，接著從黑龍江到甘肅，總里程約 12000 公里。

蔡正勝平日熱心公益，也為新竹區自由車選手爭取社會資源，拱範宮就長期資助新竹選手訓練與比賽，除了 HONDA 新竹廠，進益摃丸、瑞恆茶葉與愛德士單車，都支持這項行動，他還準備一台衛星定位相機，隨時傳送單騎圖像給親友。「這一趟僅完成半圈大陸，」他說：「希望明年全程騎完」。

之後邀朋友請個長假騎車去，最常聽到的就是：「我哪可能請那麼長的假，回來辦公桌子就不見了！」

說真的，幾乎所有的人都害怕請長假，一方面怕請長假老闆叫你不

用來了，一方面認為自己很重要，自己不在公司怎麼辦？不嘗試，怎麼知道老闆一定不會准假啊？其實老闆的心跟我們一樣，也想去冒險，不試，連機會都沒有，敢試，成功的機率是很高的。

拱範宮媽祖坐單車環台、環中國超過一萬公里，應該可以認證為金氏紀錄。

拱範宮贊助新竹自由車隊。

第七章

挑戰單車環騎中國

2012 年 4 月 15 日，我帶著 30 公斤的隨身行李跟媽祖神像，和林賦茂選擇小三通，從馬祖進入福建，踏上遠征之路，單車等裝備由對岸提供，規劃的路線是南自福建的馬尾港，北至東北黑龍江最北端的北極村。

我們騎遍中國大城小鎮，時而逆風、時而大雨，有時順暢、有時迷路。為了找住宿、修車廠，發生許多趣事，沿路不少民眾加油打氣，爭相與我這位來自臺灣的「不老騎士」合影，更令我們難以拒絕，也銘記在心的是當地媒體的熱烈報導與車友的熱情接待，讓帶著媽祖的臺灣不老騎士，聲名不逕而走，也做了不少民間交流，我索性拿出布條給加油的民眾簽名留紀念。

同年 6 月底，我成功抵達黑龍江北極村，騎了 5666 公里，林賦茂繼續單騎上路，騎了 12000 公里。全程一路平安，連單車都不曾摔過，真不可思議，或許是媽祖冥冥之中的保佑吧！回臺灣後，我將媽祖迎回拱範宮，完成這段人神共遊的任務。

很多人問我：環中國要不要先訂旅館？帶帳篷？吃的怎麼辦？

我告訴各位：「不用帶帳篷，不用擔心吃住！」

幾千來，中國古人的活動，都是走出來的，以前沒汽車跟火車，每天走 30、40 公里，就有驛站；驛站是人聚集的地方，久了形成村落或縣市，所以每隔 30 至 40 公里就有城鎮、有旅店或飯館。但出了長城就不一樣了。

出了長城是關外，古代騎馬，一天跑 70 至 80 公里，關外城鎮間的距離就遠了一點，一天騎 160 公里，就跨越兩個城市。到了黑龍江省，平常很少人去，只有被放逐到寧古塔的罪犯，距離最遠的城鎮 160 多公里，得早早出門，才能避免摸黑找食宿。

走小三通到福建

第一天行程走小三通，從松山機場搭飛機到馬祖，再從馬祖到福州馬尾港。

從臺灣到馬祖的第一件事是，打開電腦查看馬祖資訊網的飛機是否能起飛；因為馬祖機場很容易因能見度低就來個停飛，然後關在馬祖「關島二日遊」。

4 月 15 日，馬祖能見度低於 1500 公尺、雲幕低於 1300 呎，表示停飛。我跟林賦茂聯絡後，決定前往松山機場碰運氣，最差狀況是輾轉基隆港搭台馬輪到馬祖。在松山機場 check in 後，看到北竿機場有開放，問了櫃台小姐，得知 09：30 班機改飛北竿，我們幸運順利搭上，等到 10：00 才起飛。

10：50 抵達北竿，問了計程車司機，獲悉交通船 11：30 開往南竿，就立刻搭上計程車，火速轉到北竿遊客中心搭船往南竿，11：50 抵南竿福澳港。一上岸，連江縣政府文化局吳小姐依約等在岸邊，接了我們，開車要去吃飯，途中被縣府劉秘書長叫回，帶我們到馬祖有名的「依嬤的店」，吃了頓豐盛午餐、喝了老酒，認識了幾位教授跟文建會的先生；他們幾位是為了亮島發現史前的先人遺骸而來。

　　飯後，趕到福澳港，被《馬祖日報》記者劉秋月（和林賦茂的太太同姓名），攔阻訪問拍照，隔天就刊登環中國的報導。

　　為了感謝劉秘書長熱情款待，我拿出一件車衣，簽名送給連江縣當紀念。14：00 準時開船前往馬尾港，船行約 90 分鐘。船上看到一位單車客，他的單車掛滿四個行李包，聊起來才知道，他叫小張，要跨騎福州到上海往西絲路到中亞再到歐洲，比我們更大的雄心壯志呢！（後來才知道他單車環遊世界）。從福州到上海這一段，我們可以同行，彼此相互照應。

　　到馬尾港，等廠商送來贊助的單車，遇上一場暴雨，多等了兩小時，車到後，小張的車也一併上車，一起到馬尾市區賓館，立刻開箱，組裝單車。一夜雨聲讓我們擔心第二天的天氣……。

語言障礙　萬事起頭難

　　原本兩人，加入要環遊世界的小張，成了三人組。在人生地不熟的馬尾市，為了找一家早餐店，花了半小時，叫了饅頭夾蛋跟豆漿，結果送來饅頭和碗裡放了三顆滷蛋。在臺灣不都是這樣叫嗎？一樣說中文，溝通有障礙啊。

　　4 月 16 日，從馬尾港到寧德途中約 50 公里，正好看到有中國移動電話公司，於是買了大陸的電話網路卡，開通後，才發現限用福建地區。我說：「我們環騎中國，需要全國通用卡，為何給這種卡？」服務小姐趕忙打電話給公司求救，結果一搞就兩個鐘頭。

到寧德途中約 50 公里。

因為辦得太久了，警衛和阿茂聊得開心，就邀我們去他家吃飯。吃完午餐，還等好一會兒卡才辦好，但不能怪她還要給個讚啊。因為她中飯沒吃，努力解決問題，先改為浙江省、江蘇省可免費接收，十天後全國通用。不過，這事兒未了，還有更精彩的後話⋯⋯。

13：30 出發，下午的路程有夠「硬斗」，一路爬坡，騎到 18：00，才到寧德市，正好天黑，下午 79 公里，這一天總里程 129 公里。

好像遇到詐騙集團

4 月 17 日，天氣陰，07：00，17℃。住的賓館附早餐，用餐時，飯店工作人員看到我們的車衣，就聊起來，聊得很開心，知道我們要騎到黑龍江，臨走包了六個饅頭當點心，後來還真是救命糧食呢。

離開寧德市，走國道 G104，到丹陽約 30 公里，都是水泥鋪成的硬路面，還算平整，不像臺灣的坑坑疤疤，也沒有人孔蓋，好騎得很。丹陽過後開始爬山，這 20 公里算開胃菜，一路上上下下，還算輕鬆；跟第一天一樣，好巧中午前都是 50 公里，到達甘棠吃午餐；這時出現了兩天來第一次看到的太陽。哇，好刺眼！飯後太陽又躲起來，回到烏陰天，真是太棒了。

吃飯時，有位開車師傅說霞埔比較好走。我們接受建議，騎到 60 公里時，轉進 S301 縣道，是個災難的開始，一連 30 公里爬坡，坡度跟大雪山類似，一路陡上，像清境到武嶺，反正就是很陡。

30 公里騎三個半小時，本來計畫今天要到霞埔，但到鹽田村，離霞埔還 20 公里，已經 18：30，天黑了，就住下來。S301 是條重新鋪的水泥路，開車是好，車少、路寬且路面也平，但對騎單車來說，真是太艱難了。聽說明天到霞埔，還要再爬十公里；再下坡十公里後再到福鼎，聽說比今天更硬。聽開車師傅的話，就好像遇到詐騙集團了。想到明天的挑戰，要祈禱呀！

單車機械故障

4 月 18 日，離霞埔 20 公里要上坡十公里，再來就是一個跟武嶺下坡一樣長的六公里直下霞埔；大陸廠商贊助的單車，總里程不到 300 公里，就開始出狀況，尤其是變檔不順，一直跳檔、脫鏈，騎得很難受；小盤一直跳檔，感覺非常危險，為了安全，只好搭車到福鼎修車。

從霞埔到福鼎高速公路路程 80 公里、約 70 分鐘，11：30 到福鼎，問路人單車店在何處？有位熱心機車騎士帶我去，是家很小很舊的單車店，店內老師父只會修三輪車，不會修變檔車。離開店後，在路上看到一台彎把公路車，立刻追上攔下，果然就問到捷安特的店址，到了捷安特店卻沒師傅，店員說對面有美利達；12：00，美利達關起大門，只好先去吃飯。

吃完飯回來，還是休息中。打電話給阿茂，他們說才爬完第一個坡，還有兩個更大更陡的坡還沒過。哇！這麼可怕的路程，看起來車故障「落跑」，沒騎這段是明智之舉。不然，沒法變檔的車騎到那兒，腳不就廢了嗎？

　　此時，屋漏偏逢連夜雨，電話卡續集又來了。阿茂說，他的電話被通知餘額不足。要我去電信公司查一下為何都沒有使用就沒錢了？原來福建省沒優惠，在浙江跟江蘇才有，5月1日起全國通了。算了，明天就進入浙江，接聽不用錢。哎，連辦個電話都出問題！

　　13：30回到美利達店，還沒開；撥了放在門口的電話號碼，老闆從樓上下來。這家店受過訓練，看起來技術跟臺灣一樣，調整後好很多，只剩下小盤有些不順；最後把變速線拆開潤滑，搞定後還不收費。真的不錯！我買了公路車的小坐墊，那種登山車的大屁股坐墊，我還真不習慣。

　　搞定後，沿著往霞浦的路回騎十多公里，想找家阿茂到達後方便住宿的店，沿路都找不到，於是再打電話給阿茂。他說：「怕今天騎不到福鼎了。」蝦密，有這麼難騎！真慶幸我今天沒騎，「留著青山在，不怕沒車騎」。

　　福鼎市是福建最北的城市，因有著名的太姥山覆鼎峰而命名。我整個下午繞了福鼎全市，晚上找到一家南站邊、一晚100元的旅館住下。看來，明天可以睡到自然。

　　4月19日，阿茂從秦嶼過來，爬那個可怕的殺人坡到福鼎市竟有46公里，從08：00騎到11：30。我以逸待勞，等到他們兩位後，帶他們吃飯跟補給。阿茂說，今早路況差到極點，在臺灣焊好、裝載觀音的白鐵架座都震到脫焊。吃完飯，找白鐵工廠，請師傅幫忙焊接，又不用錢，真的很感謝。

　　離開福鼎市，一路又上坡，坡度中等。騎了兩小時、約 30 公里，到達福建跟浙江的交界分水關，開心拍照；這次要騎中國 11 省，已經完成十一分之一，雖說福建是最短的 420 公里，但自我安慰一下吧！

　　到浙江蒼南縣，一連六公里下坡，望去都是平原，沒山，心情較愉快，但說時遲那時快，路上一個大洞，車子震了一下，媽祖就「跳車」了。趕忙停好車，扶起媽祖，仔細檢查，媽祖娘娘自己保護得好，沒有刮傷，只是龍椅扶手受損；等等要打電話回臺灣，問問保險公司能否保乘客險。

　　接下來平路，快速抵達平陽縣境，路邊寫著千年古城，古建築雖多，但旁邊大樓林立；看起來，古城會很快消失，被新建鋼鐵混泥土大樓取而代之。

躬逢蔡依林演唱會

　　4 月 20 日，路過溫州，一路上找尋臺灣人熟悉的溫州大餛飩，卻沒找到大餛飩三個字的招牌，用百度上網查「浙江溫州有沒有大餛飩」，竟說沒有。可能是溫州人在臺灣賣餛飩發跡而取名溫州大餛飩吧。中餐只好吃水餃。

　　餐後一出門，就走錯路，到「中國鞋都」才往回走，來回五公里。問了幾次路，才找到甌江三號橋，可橋頭又寫著禁行單車。三人互望，很有默契說：「上吧！」就衝上快速路的陸橋，到橋中央還下來拍照留念。

溫州到永嘉，走高速公路只有一水之隔，走一般道路繞了 20 多公里，加上走錯路，共 30 公里，花了近兩小時，累啊。

過了永嘉往樂清市，一路都是電機工廠，號稱「中國電機」之都。沿路看到蔡依林演唱會的大廣告，感覺很親切。中飯看到公車上貼著 4 月 20 日蔡依林世界演唱會，就在今晚，溫州耶。大夥兒討論要不要湊個熱鬧，留下來聽演唱會；但聽說票早已賣完，只好繼續趕路，失去一次偷懶的藉口。

五 A 級景區雁蕩山

4 月 21 日。這幾天陰雨天，防曬搶匪帽子派不上用場，今天一出發又是毛毛雨——淋不溼衣服的雨，10 點，快到雁蕩山才下大，約莫半小時。到雁蕩山，一度討論要不要去爬山，這裡可是中國十大名山之一、國家首批五 A 級景區。後考量一去需時兩天，只好作罷。

今天走國道 104，好像從標記為 2400K 多開始騎，過雁蕩山，突破 1800K，表示騎乘里程已達 600 公里，興奮一下，就在興上村發現一個連續五公里的大上坡，我們騎得喘吁吁，到了高點 1789K，看到溫州與台州分界線，很開心又越過一個大縣市，離台州才 37 公里，今天肯定 15 點就收工。

但人算不如天算，上坡踩得要死，沒想到才下滑沒多遠，就出現石板路，約三公里，比上坡還累，車子震到都快散了，果然小張變速器失靈，不能換檔，辛苦騎到台州市區一家捷安特店，店家不會修，轉介十公里外、椒江區的另一家捷安特店；我們趕到椒江區，已是 16：

30，差點兒趕不上師傅下班的時間，結果還是不能修只能換新，花了
400 塊，搞到 20 點才回房間寫日誌。

捨寧波　先到寧海

4 月 22 日。清晨被淅瀝瀝的雨聲吵起，看了手錶，才 04：00，又
再睡著。06：00 起來開窗，哇，好天氣，地面微溼。住宿賓館旁有
早餐店，傳統的包子、饅頭真好吃，還打包六個饅頭當點心。

從台州市椒江區回國道 104，要過椒江，過橋花了快十分鐘，過橋
還要收費，單車就沒人理，直接通過。

早上氣溫約 17℃，很涼，要穿夾克。09：00，出大太陽，曬了一
整天，太陽眼鏡、我「搶銀行」的頭套都出籠了。11：00，騎了 50
公里，到臨海市區，騎機車的路人過來搭訕：「要吃飯嗎？帶你們去。」
果然當地人熟門熟路，這頓自助餐好吃又便宜。

下午沿著河邊走，轉入山區擔心又要爬山，騎著騎著，發現有隧道，
不禁歡呼起來。浙江比福建有錢，遇山都打洞，我們騎得輕鬆許多。
雖說如此，還是爬了很多坡，15：00 到台州與寧波交界，約騎 86 公
里。由於到寧波市區還有 120 公里，我們選擇只到寧海。

渡海到舟山島

4 月 23 日。奇妙的一天。早上離開飛天賓館，找到包子饅頭店，竟
然是站在路邊吃。一吃完，我的單車就破胎，三人合力換完胎，08：
00 準時出發。

　　星期一早上的寧海市，路上交通很塞，慢車道上有許多逆向的汽車、機車，亂中有序，離開寧海市才算疏解。

　　騎了 30 公里，發現一個小時候很嚮往的地方：老蔣家鄉奉化縣。想看看魚兒往上游勵志故事的發源地嗎？三人停車討論，感覺那地方有坡，要不，魚兒怎麼會往上游啊。於是決定騎右邊那條 GPS 都沒有的新路，路邊標誌是沿海中路80K。顯然這條路有80公里長，就走吧。

　　這條很新，經過一些海埔新生地。騎了 30 公里，竟然沒看到一間房子。12：00，騎了 70 公里，才看到浙江造船廠，有些店家，有得吃囉。

　　查了一下白峰港到舟山的船班，最後一班是 16：30。還有 40 公里的路程，看起來沒有問題。但一整個下午，騎車感覺就是一個怪字：平路騎不動，最快時速 22 公里，下坡也滑不快，但上坡卻騎到時速 25 公里以上。三人一路互問：「現在是上坡還是下坡啊！啊？」

　　騎到白峰港 15：35，趕上末班船。搭船 45 分鐘，抵舟山島碼頭，下了船，當地 93BIKE 車店老闆來接我們。從港口到店址，又騎了 15 公里。一直以為舟山島很小，沒想到環島要 120 公里，算是很大的島啊。

　　晚上，老闆帶我們去吃海鮮料理、喝啤酒，很晚才睡。

普陀山朝聖

4月24日。昨晚住渡船頭邊的頤橋賓館，清晨起床開窗，一片霧朦朧，能見度不到20公尺。08：00到碼頭，呵呵，船沒開，聽聞朱家尖碼頭有船開到普陀山。普陀山吧！中國四大宗教聖地之一，路過，當然要去朝聖。

趕緊搭上計程車趕到另一邊的碼頭，船票22元，有點貴。不到15分鐘就到普陀山。登上陸地買入山門票，160元，真嚇死人的貴。但來此的都是朝聖客，沒有人會抱怨；帶我們來的三位當地車友去買早餐，更是貴到離譜，一根油條十元、一瓶礦泉水八元。買了入山門票不等於可以走完所有寺廟，每間寺廟都要收費，貴的六元，一般五元，最小一間有觀音像的是兩元。參觀完所有寺廟，大約要花30、40元，只有十元齋飯算便宜；下午小雨，我們搭纜車下山，又花50元人民幣。

16：00搭船回舟山島，再度住進昨天住宿的同一家頤橋賓館，當地車友再度邀約宴請晚餐，又吃掉700元，飯後茶館喝茶，我付了550元。兩夜一天花掉近一萬元新台幣。心想，再看幾次旅遊景點，就得提早打包回家了。

在茶館聊天時，來了兩位慕名來採訪我跟阿茂的美女記者，聊得很開心。說後天就能上報。

93BIKE老闆小天、小王、山山都是性情中人，為人豪爽，感謝他們40小時的熱情招待，歡迎他們來臺灣騎車，我們一定更熱情招呼。

祈求媽祖改變風向

4 月 25 日。早上跟一起騎了 11 天的小張要分開。他趕車到上海簽哈薩克簽證，我們繼續往碼頭的行程。兩天沒騎車，阿茂剛騎沒兩公里，又破胎。小張在往上海的巴士車上看到我們在路邊補胎，對著我們一直笑。

在舟山島騎了 20 公里，到鴨蛋山碼頭搭船，船行 17 公里，花了 45 分鐘，回到白峰碼頭。12：00 多，在碼頭邊第一間自助餐店，點了三菜一湯兩碗飯，竟然要價 80 元，真坑人！

白峰到寧波 43 公里，一路大逆風，騎得很辛苦。我跟媽祖輕聲祈求：「媽祖婆，我們載出您來玩；請不要讓我們騎得這麼辛苦，可以的話，讓千里眼跟順風耳調整一下風向。」說也巧，立刻下了一場小雨，風向也改了約 90 度，變成側風，好騎多了，真是神奇啊！

16：00 抵寧波，花了不少時間找住宿。新的大的旅館不敢問，小間的問很多，不是沒網路就是樓層太高單車無法處理。最後找到一家有網路的住定，才發現網路龜速到不行，傳一張照片一個小時都傳不完，只好放棄，連寄 E-MAIL 都會斷線，根本不知道有沒有寄出。

住在寧波驚駕路

4 月 26 日。在寧波，住的路名是驚駕路，這裡肯定是嚇過皇上的地方？

阿茂的車，今天一路不順：爆胎一次、鋼絲斷兩根、前輪也怪怪的、

輪軸的軸承鬆了鋼珠掉出來……，車子已經呈現不堪負荷了。車子 15 公斤、行李 30 公斤、人 60 公斤，加起來至少 105 公斤，讓車子損耗很快。人倒是很健康，沒感冒、沒拉肚子，算屬害吧！

騎了 135 公里，一路平坦到紹興市。在魯迅舊居附近，我們被遊客包圍著問從哪裡來？一說來自臺灣，他們就更熱烈。我拿出旗幟給大家簽名，來自北京的朋友要了我的 E-MAIL，要我日後的日記也寄給她。

晚餐火鍋，基本上吃的選熱又熟的食物，比較安心保健康！飯後在紹興老街散步，古城古蹟埋沒在新的高樓大廈中，完全無法感受老紹興的古意了。

騎單車逛遊西湖

4 月 27 日。離開紹興，按計畫要到西湖遊覽。紹興到西湖 62 公里，11：00 到達。

騎單車逛西湖，看到的景緻跟坐遊覽車不一樣。以前跟團來過，這次單車逛一圈，花兩小時，走路和騎車共 15 公里，問雷峰塔管理單位，單車能否放管理室，說不行，我們怕丟車，就沒進雷峰塔。湖中的路，經白堤、蘇堤，只能牽車不能騎，於是重裝推了幾公里，14：30 才吃中飯。

接下來趕路，到上海還有 200 公里，只好趕一下後面的里程，騎到 18：40，天剛好黑，騎了 133 公里，到達桐鄉市，離上海 150 公里。

夜宿寒山寺

4月28日。這幾天住過的幾個城市的飯店網路都很爛。計畫到上海，但計畫永遠趕不上變化；往上海途中，經過嘉興市，看到一個路牌寫著往蘇州。兩人停車討論，手機 google 地圖按圖索驥：嘉興到蘇州50公里、蘇州到南通110公里。蘇州會經過太湖、寒山寺等知名地點，轉個彎就有更多美景，為什麼不去，繼西湖後又要開心逛名勝古蹟，多好，於是轉往蘇州。

過嘉興市約四公里，哇！感動時刻又到了——浙江省結束，進入江蘇省界——完成兩個省份。一路騎車，跟船比快；路旁大運河，風景超美，古代人一鏟一鏟挖，挖了1800公里，從北京到杭州，工程浩大且艱鉅！

走蘇州肯定是對的，先進吳江市。吳江市在太湖畔，太湖是大沼澤地，養殖為主，不算美。這兒離蘇州30公里，一路上拍船跟運河。進蘇州，看到寒山寺路標，朝聖去。到寒山寺16：30，單車進不去，商店不讓寄放，只好外圍繞一下。結果，很多人靠過來問：「打從哪裡來？騎多遠了？」圍過來跟我合照，不少蘇州美女呢。

夜遊蘇州大運河，老舊城門上有「胥門」，建於1351年，留存至今，為僅存幾處古城門之一。相傳春秋吳王夫差賜劍伍子胥自刎，伍子胥自殺前說：「我死後，可將頭掛在城門上，要看著越軍入城！」不知這城門上是否真掛過伍子胥的頭。

決定夜宿寒山寺，要聽那半夜鐘聲。江楓賓館在姑蘇城外寒山寺外

200 公尺，一夜做著楓橋夜泊的懷古幽夢，沈吟著唐代書生張繼短短 28 字絕唱：月落烏啼霜滿天，江楓漁火對愁眠。

姑蘇城外寒山寺，夜半鐘聲到客船。

晨遊寒山寺和楓橋

4 月 29 日。07：30，入寒山寺，門票 20 元；繞一圈才想到楓橋呢？原來楓橋在另外一圈，去再給 25 元，早去好處，人少好拍照。

09：00 起程，從寒山寺到蘇張公路，之後沿這條路走了近 70 公里，到張家港，再往南到通沙渡頭，搭船過長江，每人含單車十元。過長江就到南通。長江在上海這邊，真是浩瀚，寬 17 公里，宛如大海一望無際。

到南通找朋友，才知他在如皋，離南通有 60 公里。我們往如皋騎，他派車來會合，不然騎到如皋可能 21：00 了。此時又跟要環遊世界的小張會合，原來他在上海等哈薩克簽證，需時一星期，正無聊得很，一起來聚聚。

好友是江蘇益昌集團汽車事業部的廖總，他帶我們吃大餐，補充蛋白質，喝掉一瓶貴州飛天茅台，還安排高檔的飯店住。明天公休不騎車，廖總要安排如皋記者來訪問我們。

在如皋的暢快一天

4 月 30 日。一早，廖總帶我們去文昌閣吃早餐：蟹黃包子、喬麥包、蛋餅等，開了眼界，也大快朵頤。飽餐後，騎車到如皋市汽車大型戶

外展場，有前導車開道、浩浩蕩蕩車隊跟著，到會場，直接騎上紅毯，如皋電視台全程跟拍訪問，還見了到當地體育部蔡部長，現場氣氛熱烈、場面盛大。

結束後，到廖總公司的機車部門洗車，有專人服務。這個機車部門一個月賣 3000 台，真是大賣場，臺灣沒得比。

中午，在廖總家吃飯，廖夫人親自下廚，煮一桌臺灣好料理，真是美味。午後參觀定慧寺、觀音塔和水繪園；晚上又吃大餐。一天一夜在如皋過得熱熱鬧鬧、吃得酒足飯飽，讓廖總破費了，真感激。回臺灣，讓我招待囉。

晚上，在飯店看我們被訪問上電視的鏡頭，真是暢快的一天！

改變行程到南京

途中接到一通來自南京的電話，來電者張寧說：「在電視上看到你們在環中國，要邀你們來南京玩！」接著說：「我兒子在臺大讀博士三年，受到臺灣人的照顧，現在看到你們，想招待來南京，吃住我統包！」阿茂聽了很感興趣說：「南京沒去過耶，300 公里而已，走吧！」

5 月 1 日。一早聽窗外雨聲嘩啦嘩啦響，心想不妙，氣溫 15℃，又下大雨。道別廖總，穿上雨衣，沒穿雨褲，淋吧。離開如皋，雨下得更大。

出發前，曾到拱範宮跟媽祖報告整個行程、要帶著媽祖騎單車環中

國。半個多月來，都是陰雨天——那種雨淋不濕衣服，也曬不到太陽的騎車最佳氣候。沒想到，改變行程就遇上大雨。我開玩笑說：「我們跟媽祖報備的行程，媽祖已經安排好天氣讓我們騎車；這個額外的行程，媽祖來不及安排了！」於是，我們用透明塑膠袋包著媽祖，怕把神像弄濕了。

一整個早上雨大，騎車進度慢，11：30才到曲塘村，走了35公里，吃了一碗過橋米線，料多實在，一大碗十元。下午趕路，到揚州18：40，里程135公里，大約70公里都在淋雨。

到揚州，一定要吃揚州炒飯。吃完晚餐，去大運河走走，大運河的夜跟燈光真是美呆了。逛完運河，發現東關古城跟老街，逛到22：30，店幾乎關了一大半，我們也才走了一半。

今天討論行程時，有條從如皋直上300公里就到山東連雲港的路，最終捨彼就此，看到美麗的揚州，一切都值了。

享受揚州半日遊

5月2日。夜裡緊急會議討論第二天行程：既然來揚州，怎麼可以沒逛這個古城就離開。於是決定再休息半天，08：00，出門享受揚州半日遊。

本來計畫搭公車，但吃早點時，想到包輛 Taxi 可以省很多時間，於是攔了輛 Taxi，是位女士開的。問她逛古城包車一個早上要多少錢，她說 200 元。這位女士是當地人，對揚州歷史很瞭解，就讓她邊開邊

講解。

她帶我們到道臺府、鹽官古宅、朱自清老宅、揚州四個古城門、石塔、古漢王墓、瘦西湖等，回到住宿賓館已經正午。花 200 元值得。

13：00 出發，往南京方向走。一啟程，阿茂車子就破胎，13：30 換好、趕路。原本預計走 60 公里休息（到南京要 120 公里），結果才騎不到 40 公里，就看見南京市界碑。南京果然很大，到 16：00，騎了 60 公里，換小張破胎，不讓我們趕路了。補好胎，三人加足馬力，騎到 18：00 多，竟騎了 90 公里，到達長江旁的葛塘鎮，離長江只有 19 公里；開始想著騎車過長江大橋是多美妙的一件事啊！

明天到南京不到 40 公里了，到南京要再玩個一整天，行程又很輕鬆了，晚上在街上吃現烤的東北烤羊腿，喝啤酒大口吃肉。住 90 元的賓館，還附送幾隻蚊子，晚上不太好過。

珍惜那意外的緣份

5 月 3 日。操了 20 天，看來對蚊子也免疫了。對付蚊子最好的方法，就是讓牠吃飽，然後殺死牠，要不然，就是讓牠吃飽到懶得吵你。剛睡時被咬了幾個包，然後就一覺到天亮了。

騎了 20 公里，就到揚子江邊；長江在這裡不寬，大約只有兩、三公里。過了長江上的南京大橋，就看見等在那兒的張先生。他很好客，先帶我們去七家灣吃正統的清真館，點了好幾斤的牛肉、水餃跟牛肉湯，多到吃不完。

大陸吃水餃不算顆，是算斤的。我們吃的這間，是南京十大最好吃牛肉鍋貼排第一的「草橋清真牛肉鍋貼店」，位於七家灣 11 號，是七家灣的最早一家牛肉鍋貼店。吃一口，鍋貼底部焦黃生脆，咬一口，鮮甜汁水順舌尖流向喉嚨，一點兒也不油膩。鍋貼店老闆介紹鍋貼的煮製、調餡，都很講究，一定要是阿訇（古波斯語詞彙，意為「老師」或「學者」）宰殺的牛，用當天的肉來製作，不能放太多的水和調料，才能吃出牛肉的原味。

從南京大橋到張先生家，還有 30 公里。張先生邀我們住他家，位於南京江寧區，有三間房間，那就不客氣了。下午就在他家泡茶聊天，等吃晚飯。

晚上還請上館子吃飯。南京餐盤中的肉都很大塊，那種大口吃肉大口喝白酒的感覺，好像是魯智深上身，補充了 20 天來消失的蛋白質，在張先生那兒白吃白住，真的不好意思，但想想，就珍惜這緣份吧！

明天一天遊南京。在這種三朝古都，沒玩個一天，總說不過去。

南京市一日遊

5 月 3 日。早上，張先生開車送我們到鐘山下的下馬坊，這裡是明孝陵的入口，文武百官在此下馬的地方。

我們步行上中山陵，氣勢非凡，入內免門票，遊人如織。中國共產黨對孫中山相當尊敬，陵內天花板有中國國民黨黨徽，也尊他為中國國民黨主席。

　　明孝陵的整個園區，大部份因戰爭破壞殆盡，幾乎都是近代重修。明朝開國皇帝朱元璋的墓在地下則完好無缺，所以被認證為世界遺產，值得一遊。

　　小張也跟我們騎到南京，剛剛接到通知說哈薩克簽證通過了；他明天搭動車（高鐵）回上海拿簽證；再趕回南京吃晚餐，來回600多公里。明天起他往西騎，我們往北騎，分道揚鑣各奔西北，預祝他絲綢之路到中歐的環遊世界之旅成功順利，一起在臺灣慶功。明天我們要回頭騎60公里再北上，預計到洪澤湖畔的洪澤縣，全程150公里。

　　今晚在張先生家晚餐，認識了《南京日報》的袁小姐。晚餐由袁小姐跟張太太下廚，好吃的一頓飯；希望他們有機會來臺灣一遊，換我們好好招待。袁小姐寫了一篇我們單車環中國的事蹟，這是第三次被報導，讓我們的環中國之行被更多人追縱、更多人督促。

跨騎到安徽

　　5月4日。從臺灣出發時考慮很久，決定帶ORIS天文台機械錶，才21天，竟然經不起路面震動，掛掉了，應是自動盤鬆脫，不走了。

　　早上，張先生怕我們迷路，還騎單車伴遊南京舊明朝皇宮跟全球最長的舊城牆，再送我們到南京大橋橋頭，足感心。過南京大橋，跟小張分道揚鑣，他往西走絲綢之路，短短幾分鐘兩次離別，滿感傷的！後面的路程又剩下我跟阿茂了。

　　行程是一路往回走，到六合鎮再岔往洪澤縣。騎了60多公里，到

六合鎮，後段還有130公里，估算錯了。騎到天黑，路旁吃飯，再繼續，到洪澤縣，已經20點。隨意找家賓館住下，120元，大間又乾淨，還不錯。

今天騎到安徽省，又多一個省份，也多見識一個大湖：洪澤湖。今天騎了190公里，累計1865公里，明天就破2000公里了。明天有宿遷市的車友會來半途會合，再帶我們騎回宿遷。

5月5日。沿洪澤湖東岸到西岸，一路問路。這段鄉下路，走縣道，路程不是太明確，GPS的圖資也很模糊；只好打開ipad的地圖，每到交叉路口就下來查詢，確認方位，感覺朝北就不會錯。跟當地車友約在泗陽，一路趕，還因破胎停下來補胎，到泗陽鎮已是12：30了。宿遷的車友騎了60公里來迎接，等我們吃中飯，吃到14：30，才出發往宿遷。

這段60公里有很多小路，沒人帶，真到不了，路上還遇到修路，搞得灰頭土臉。18：30才到宿遷的美利達車店，當地電視台來採訪，場面很大。今天騎135公里，累計2000公里整。

美利達魯老闆請吃晚餐，四人喝掉一瓶42度的洋河大曲白酒。魯老闆帶我們住一晚80元的賓館，有網路，單車直接「住院」了，明天讓他們換胎跟大保養，沒車騎，又公休一天。

遊項羽的故鄉
5月6日。早上是宿遷市萬人運動日：騎單車活動。06：30到當地

的美利達公司集合。下著毛毛雨，08：00開始環宿遷市半圈，11公里。

接著，魯老闆派車帶我們遊宿遷：項羽的故鄉。宿遷是個新興城市，新建大樓林立、新開道路寬闊平整，但整修的地方灰塵瀰漫。找到一大片工程中的區域，走了將近500公尺，到項羽舊居前，大門緊閉，問了工地的人，才知「整修中不開放」。千里迢迢來見一代梟雄，竟然見不到，有些失望。宿遷公園綠地大且漂亮，適合修身養性的地方。

單車在美利達店修整了一天半，換外胎等零件，不用錢，果然是出外靠朋友。離開時，魯老闆說已聯繫了後面幾個城市，都會有人來帶領我們騎車。

5月6日。10：00離開宿遷，開始往沭陽，走省道248，從174公里處走到124公里，正好50公里。到沭陽，才13：30，當地的車友在路口迎接；由馬先生跟鄭先生帶領進入市區。

這時手機傳來簡訊說錢不足，要停機，就請兩位協助處理，還跟馬先生抱怨這個電話卡像錢坑，根本沒打半通電話，網路也是找路時開一下查個地圖，馬先生聽了非常生氣，遞了張名片給我，並說「我來處理！」名片上的頭銜是律師，隨馬先生進入中國移動電信，他跟櫃台說要找主管，然後跟主管說要告他們公司欺騙臺灣同胞。中國移動花了80分鐘處理，查清楚我從辦理到當下總共繳了550元，於是把手機跟3G網路分開，不需我再繳錢。終於搞定像錢坑的電話卡，大陸還是怕「惡人」啊！

從沭陽到東海 56 公里；由馬律師領騎了 20 多公里才分開。到東海已經 18：30，住進一家外表看來很漂亮的賓館，但虛有其表，網路不通、熱水器出水像滴水，水量小到讓人洗不乾淨，只收 100 元，也就不計較了。

今天騎 140 公里（含市區），明天到連雲港，離山東越來越近了。

5 月 7 日。從東海市出發，找到省道 323 的 43 公里處，一路到底就是連雲港。等紅燈時，路邊殺出一位騎登山車，去市場買完菜要回家的帥哥，過來問我們哪兒來、打哪兒去，說完就陪我們騎一段。到市區，我擔心買的菜午飯會來不及，就請他打住。一問到港口還有 28 公里，好險沒讓他繼續帶下去，要不然可能變成回家煮晚餐了。

告別了當地車友，往港區方向前進，一路上大逆風，時速只有 12 公里，騎到快翻臉，路上找到飯館，隨便找家吃了，叫兩菜一湯外加兩碗飯，速度慢到出一道菜我們把飯吃完了，才來第二道菜，只好說湯不用煮了。這大概是當地的人生活步調吧。

吃過午飯，離連雲港九公里，又花了一個小時，從連雲港市到港口還有 35 公里，繞了港區一圈，又花一小時。不過，港區值得來，高樓大廈林立，不輸高雄市。15：30 點離開港區，預定到海頭鎮，但往北逆風，再騎 28 公里，到贛榆縣，就放棄了，16：30 住進賓館提早休息。

贛榆的賓館便宜，才 100 元，家庭式經營，看起來舊舊的，但洗澡水熱量大，無線網路兩個人都能用，按個讚。

5月8日。07：00出門，直接上國道204，大霧溼冷，穿了防寒內衣加外套。今天業績不錯，09：45就騎50公里；山東省可能比較窮吧？不知不覺就騎進了連界碑也沒有的山東省。沒拍到界碑很沒成就感，兩省的省界就在繡針河大橋，過了河，就是山東省了。

今天預定騎到泊里鎮，結果騎超過，到膠南市才15：30。住進在市區中央一家較高級的賓館，要168元，網路、熱水都讚，吃飯方便，有早餐。安頓好後去逛街。

華中的天氣，讓人很難穿衣服。07：00到10：00還有霧，大約17、18℃　度，要穿夾克，10：00霧一散，馬上出大太陽，脫到只剩車衣。到日照市吃中飯，14：00又大霧，再穿夾克。期間竟有個100公尺高的坡，「爬」到肚子餓，吃完補給品，一路下滑到膠南市。

今天騎了153公里。

隨興轉往即墨

5月9日。計畫到青島，07：30出發，15℃以下，好冷，一路北上，感覺騎不動好長好緩的長上坡，足足十公里，到膠州已經11：30，兩人吃了一斤蝦肉水餃，足足63顆，我吃24顆，是這輩子的最高紀錄。

半路，阿茂接到青島的車友說來接我們，要我們從國道204看到省道309時轉彎，當我們到省道309直接就左轉往青島方向。大逆風走了五公里，打電話問到哪裡，竟說他在另外一頭，我們又騎五公里，

回國道 204 才碰到。他要帶我們往即墨方向，哇，更北，更遠，離青島約 40 公里。

這位同學是即墨大學的學生，邀我們到即墨走走，晚上就住他的老宿舍。

老宿舍沒熱水，得站在糞坑上方洗澡，環境很糟，我洗了戰鬥澡，好冷啊！

晚上睡在他床上，被子好有男生味，一股酸酸的氣味。躺上去，全身發癢，只好穿著夾克睡，一晚都唱著：「我寂寞（即墨）」。半夜果然有蚊子來親吻我脖子，讓我醒來許久才再入睡。

今天騎了 114 公里，累計 2520 公里；明天到青島，再休息半天囉。

5 月 10 日。今晨窗外下著濛濛細雨，還是那種淋不溼的雨，天是烏黑，氣溫是低；一路上騎車，鼻水流不停。

即墨的小兄弟帶路，但他對路況不熟，查 GPS 大約 45 公里。他帶我們騎了 65 公里，才到青島廣西街。一路逆風，路途丘陵，上下起伏，騎的進度算慢。路過青島啤酒廠，旁邊就是啤酒街，沿途都是海鮮店，最後還是選了麵食館，畢竟腸胃經不起當地衛生條件的考驗，真怕拉肚子。

13：30 到青島車站，古典德國式建築，很漂亮。先找住的，把單

車安頓好，再去名勝古蹟。

　　廣西街的紅房子賓館，花 80 元，沒網路，洗澡要等 19：00 才有熱水。就先逛棧橋、天后宮、古教堂吧。很多經典建築都是 1897 年德國建立膠州灣租借地後的作品，這些建築對體現青島城市風貌特色起了主導作用。

　　當地一位著名的車友：63 歲的于世君女士，是中國第一位騎川藏公路跟騎遍全國各省省會的騎士，晚上來找我們，用塑膠袋提來青島生啤酒。啤酒都是當日鮮，一斤 500 公克兩元，然後插著吸管喝，真的很新鮮好喝。怪不得青島啤酒紅遍全世界。

　　5 月 11 日。一早，于小姐帶早點來，陪騎一段海岸公路，帶我們到臺灣廣告說的「奧帆之都」──北京奧運帆船比賽場地，最後到五四廣場。後段請一位宋書記帶領十公里，到海岸公路的入口，才離開，同時告訴我們接下來 20 公里處有既長且寬的隧道，三公里長、單邊三線道，過隧道再騎 40 公里到過海大橋。前面說法都正確，後面卻足足走了 60 公里，才到跨海大橋，橋剛蓋好，沒通車，封堵不給通過，問了一群小朋友，他們帶我們走旁邊的附橋──就是建橋時旁邊的工程道路，慶幸能通過，不然，得繞個半島，可能耗時兩天，都還到不了海陽市。

　　聽說大陸南部下暴雨，青島霧氣大到像下毛毛雨，整天都穿夾克跟防寒衣，還是冷，風又大，逆風騎不動，到 18：30，才騎 132 公里。一進入海陽市，決定找住宿就休息。洗完澡出來吃飯，下雨了，這麼

冷,明天還淋雨騎嗎?

一連串騎錯路

5月11日。騎車滿月了,今天預定到威海,結果一連串騎錯路,騎了130公里,到了文登市,被網路車友攔截下來。

離開海陽市,就是一連串的錯。GPS不可信,帶到一條4線道、沒有目的的路,到盡頭,四周農田,查了iPad,還好有農路,進入農村,找回省道202,多走近30公里,進文登市已經16:00,雖只剩40公里,只好放棄到威海。

文登捷安特姜老闆(姜大可),年紀66歲,說起話,聲音宏亮、丹田有力。他說:「知道你們今天會經過這裡,我從中午就搬椅子,坐門口等你們了!」姜老闆招來十多位當地車友接風,暢談甚歡;請吃飯喝酒,盛情難卻。晚餐喝了汾酒跟當地的啤酒,茫茫然才散席。就這樣,晚餐跟住宿都有著落。

當地的車友紅帆小姐說,明天要陪騎到山東的最東邊。今天一路騎,沒岔路,還一直走錯,是緣分吧,才能見到這麼多車友;躲不掉要在文登市住一宿。今天騎130公里。

文登:成山頭山東半島最東處,離威海30公里。

5月12日。一早,當地車友說來文登不到山東半島最東,會遺憾,所以又繞了一大圈。從文登到榮城38公里,到榮城,被當地捷安特經

銷商接走，並找記者來採訪，又是大場面！

榮城捷安特請吃中飯。14：00出發，往山東半島最東的成山頭出發，有 55 公里遠。山東的路都像 D 罩杯，坡坡相連，都是超級大罩杯，爬都爬不完。

還有幾個超級大坡，騎到撞牆。50 多公里騎了三個半小時，有夠累人。成山頭叫東大門或通天門，古代秦始皇派遣人到這裡，以為這兒是天的盡頭。

相傳秦始皇到過這裡，一離開，就死在附近，所以有當官不可來的說法。不然官就到盡頭，無法再上一層樓了。我們住成山頭民宿，叫老船長，算人頭，一人 30 元。明天看有沒有機會看到山東地區的第一道曙光。

今天十多位文登車友陪伴，一直到榮城；還有姜大哥跟紅帆小姐繼續陪騎到天之盡頭，明天還要一起到威海。威海離這裡 60 多公里。西元前 219 年，秦始皇東巡，至成山頭，令李斯書寫「天盡頭秦東門」，並刻字立碑。

成山頭好像很出名，昨夜遇到兩位搭車來環中國的背包客，他們說這裡是古中國的極東，一定要來。

成山頭有始皇廟和秦漢文史館。始皇廟原為秦始皇的行宮，後改為始皇廟，以紀念秦始皇的東巡，是中國唯一的始皇廟，廟內有始皇殿、

日主祠、天以后宮、戲台、鄧公祠等建築，其中鄧公祠為紀念鄧世昌而建；秦漢文史館陳列與成山頭相關的秦漢文史資料、文物為主。

今天騎了 90 公里。

5 月 12 日。成山頭到威海，沿著海岸線 60 多公里，一路逆風加爬坡，但有兩位當地車友陪騎，慢慢地邊騎邊聊邊聽故事，邊看漂亮的海岸線，吹著海風，輕鬆愉快。

到威海，就有記者緊追；威海代理捷安特的是老姜二兒子姜大成（小姜），還在他的地盤，逃不掉他的掌控。姜大哥找威海電視台來採訪，地點在威海海上公園，好幾台攝影機同時拍攝，錄一個多小時，說晚餐就會播出。

晚上在捷安特的另一家店集合吃飯，小姜老闆送我們劉公島船票三張，一張價值新台幣 480 元，跟威海車友喝金門高粱和威海衛白酒。

5 月 13 日。出門前，朋友說，到威海，一定要留下來玩幾天，現在到了，當然要去劉公島一日遊。這裡和臺灣關係很深，影響臺灣很大，原因是甲午戰爭發生在劉公島，清朝戰敗，簽定不平等的馬關條約，將臺灣跟澎湖割讓給日本。劉公島保留一些標語，記錄著甲午戰爭的恥辱。

我們從劉公島碼頭一路走到島東端，再回頭走到西端，看到很多古砲台、英據時代跟清朝的建築，足足走五個小時，漫步在懷古的「思

古幽情」裡。

劉公島相傳是漢朝劉邦的後代劉民被迫流亡，躲到這裡，他樂善布施，受當地人愛載，才改稱劉公島。島上有一處百年前由英國人建的高爾夫球場，是中國第一個高爾夫球場，球場不是很頂尖，但風景優美，值得一遊。

晚上還是讓姜大哥請吃燒烤。

累積里程超過 3000 公里。明天啟程往煙台。

阿茂車子破胎 2 次

5 月 14 日。在威海兩天，都讓姜大哥招待，昨天吃燒烤，口味跟臺灣差不多，只是辣了點，他很熱情，一直勸酒，大家啤酒喝到茫。還有人專程寫了單車環中國的墨寶送給我們。太感動了！

今天一早，有四位陪騎到威海海水浴場，約 12 公里，才回頭；姜大哥陪我們三天，今天還堅持送我們到煙台，一路有嚮導，不用問路，但還是騎得很辛苦，強勁的南風，一路向西北，根本騎不動。阿茂車子鬧脾氣，破兩次胎，這還是在宿遷換了外胎後的第一、二次破胎，都是破後輪。

中午經過養馬島，相傳是幫秦始皇養馬的島，現在做了跨海大橋，是 4A 國家級景點。島上中餐，三個人吃 94 元，有點貴。14：00 離開餐館，16：00 到煙台，一路參觀煙台風景，最後往開發區方向騎。

　　本來想直奔蓬萊市，但考慮姜大哥回程，就到煙台外圍的開發區找住宿。沒想到榮登市車友說，他們星期日要騎車到養馬島，這下姜大哥又可以陪我們一天半，真是老天巧安排，讓姜大哥陪騎到蓬萊，再回頭跟他們碰頭。

　　途中遇到福建晉江來的車友，今天要搭船到大連，進度就會超越我們；大概沒人像我們，騎完山東半島整個海岸線、繞過整個渤海灣。

　　天津、北京都近了。今天騎了 115 公里。

姜大哥不慎摔倒

　　5 月 15 日。出門裝備帶很多，有項裝備希望永遠用不到，就是醫藥袋。今天從煙台到蓬萊途中，09：30 騎了 36 公里，姜大哥一路欣賞風景，不慎撞到路面凸出水泥塊並摔倒，跟阿茂在後約 40 公尺看到摔車，我大叫一聲，兩人趕緊過去，前後約十多秒，姜大哥竟然動都沒動，嚇壞我了。

　　我到，姜大哥才動了。原來他的腳被後輪卡住，翻不了身，等扶起他確認身體無大礙，幾處擦傷，綁貼 OK，就沒事。休息時，看到姜大哥的安全帽破裂了，真慶幸有安全帽。

　　11：00 到蓬萊。繞行整個海岸線，到蓬萊仙境跟八仙閣。單車無法進入，在附近吃中餐、找住宿。午後步行去蓬萊閣，門票 140 元。聽說本來 100 元，今天才漲價，怎麼這麼巧啊？

走了近八公里，走完所有景點，裡面有道教的三清宮，門聯寫著：「煉海燒山、開天闢地」，只有這裡才能有這麼大的豪氣；也有天后宮、龍王廟等，怪不得八仙會在此各顯神通。

當地車隊明天來養馬島，姜大哥要回頭跟他們會合。明天一早分手；讓他陪騎了六天。他像條活龍，有用不完的體力。感謝，後會有期！

明天起，又恢復要查地圖、問路囉。

住進不貴的豪華飯店

5月16日。今天配合姜大哥要騎回文登150公里，04：00多起床，05：00點出門，走一點五公里，到省道204，姜大哥往煙台方向，我們走龍口方向，在此分道揚鑣，感謝六天的陪騎。中午獲知他與文登來的車友會合，我們才放下心，並在電話中請車隊的人，留意他摔車後有沒有腦震盪。

今天出門往龍口到萊州，一路走204省道，過102k處，遇到修路。以為只修一小段，騎了六公里的黃沙滾滾，只好放棄，找替代道路。更沒想到，到處都在修路，問了路旁警衛，他說往裡面走有路，走到龍口港旁的凸出地，沒路到萊州，得回頭走，山東半島走得真透徹，走到渤海灣的海邊了。中國很多靠海地區都有干擾衛星定位，手機根本定不到位，常常迷路，這是沒有辦法的事。

14：00點進萊州市，繞了近一小時，沒看到旅館，這在大陸地區難得遇到。後來找到一家滿大間、豪華的飯店，先探行情，櫃台小姐

說標準房100元，還以為聽錯，再確認，真是百元，就住下囉，有網路、24小時熱水，房間豪華舒適。要大大推一下：在光州東路上的金煌大酒店。

此後我們比較放膽問大飯店，其實都不貴，改善了往後的住宿品質。今天騎120多公里。

5月16日。阿茂平常還沒05：00就起床，今天大概床太舒服，就不吵他，讓他睡到自然醒。這麼漂亮又便宜的飯店，真捨不得離開。路邊早點四個炸饅頭、四顆滷蛋和兩碗豆漿，總共九元，呵呵，好飽。

06：30出發，踏上省道206，朝西南方走，又是吹南風，一路側逆風，偶爾側順風，沒有坡度，行進速度還算快；11：30進入濰坊市的寒亭區，離市區十多公里，已經騎了90公里。肚子餓，找家餐館，三菜一湯42元；還沒吃哪，進來一位穿捷安特衣服的人，問我們哪來的？他是對面捷安特寒亭區的經銷店老闆，邀我們吃飽去坐坐，聽老闆說他去年到臺灣旅遊的故事，順便為單車鏈條也上上油。

14：00離開，繼續往濰坊走。找住宿的第一家賓館，像招待所很簡陋，開價100元，再往西南走，約兩公里看到另幾間，90元的房間，超級大，可以放單車、有網路。在大陸，要多問幾家。

在大陸，隨便轉個彎到另一個城市，就是100公里，來回200公里，要騎兩天。我跟阿茂討論：「騎到天津後搭車去北京一日遊；不要騎100公里去，玩兩天，再回天津，這樣四天就沒了！」討論後決定，

從天津直接參加北京旅遊團玩兩天，稍作休息，恢復體力，也算是好消息了。本來堅持一路騎到底不搭車的阿茂終於開竅，同意這種玩法。

今天騎 114 多公里。

5月17日。今天是騎車的好天氣，陰天，沒一絲陽光，也沒下雨，還吹南風。西走淄博和濟南方向，吹著側風，算好騎。11：30，騎了90公里。找到一家類似供餐卡車司機的公路飯店，兩菜一湯一碗尖出飯碗一倍高的白飯，全吃光；兩人花39元。

到淄博剩20公里，飯慢慢吃，邊休息。13：00多上路，濰坊起騎省道309，進入淄博方向，竟走到沒路，309不見了。在大陸，最傷腦筋的是進入市區，只標示市區道路，完全看不到下個城市往哪兒去的標示牌；更嚴重的是，不管省道國道，進入市區，就頭尾不連貫，我們常入市區就迷路，這是大陸發展太快，原本市區不斷擴大所致。找回正路後，發現在淄博的外環，繼續往下個城市走，大約20公里，到達周村。

周村是新興城市，很大，正大興土木蓋大樓。找家100元的旅館，一張大床、客廳很大。上網一查，周村是古城區，出過狀元，有染房布莊的老街坊。今天晚了，沒法去參觀。

騎車過黃河

5月18日。昨天誤打誤撞到周村，特地起早繞一圈。古時周村的建築業應該很發達，附近很多古老的磚廠瓦廠，以致整個周村滿天灰塵，路面也是，車子開過，灰塵瀰漫。我跟阿茂本來都以20公里時速巡航，

看到掃街車掃得滿天灰，就以 35 公里速度追過掃地車，並狂奔十公里而去。

看見黃河的路標，旁邊有條河，興奮地以為那是黃河，決定吃飽渡河。飯後問餐館老闆娘，她說黃河很近，我們滿心期待上了橋。蝦密？這是小清河，不是黃河。再騎一個多小時，錯過一個小路口，判斷那不可能是到黃河的路，再往前不到 300 公尺，阿茂的車胎又爆了。補胎時，路人問打哪兒來的？我們反問黃河如何走？果然，老天知道我們走錯路，「故意」爆胎讓我們停下來，回頭轉個彎兒，騎上那條不起眼的路，就看到了黃河。此時真有股莫名的感動。雖在蘭州看過黃河第一橋，但騎車渡過長江跟黃河，真的有些激動。聽說這裡只是黃河的一條支流，更寬的主流還在後頭。

今天騎到 17：00，整整 160 公里，抵禹城。

5 月 19 日。明天有德州市的朋友來會合，可以睡晚一點。昨晚連絡上清華 EMBA 畢業、讀完博士，在天津工作的羽芬總經理；她說文隆兄也在天津南開大學攻讀博士，5 月 28 日博士口試，晚上餐敘，要我們算好時間，儘快騎到天津聚會，我怎可錯過這麼大的喜事勒？

今天騎了 159 多公里。

懷思三國劉關張
5 月 24 日。今天休息半天。

　　禹城到平原縣 38 公里。平原有阿茂的熱情網友兼車友齊格，把我們的照片印製在休閒服上，這麼仰慕我們，能不留下來嗎？齊格和車友計三人，往禹城方向騎 25 公里來會合再騎回平原。平原美利達店侯老闆也來接我們。

　　平原歷史典故多，比如：三國時期劉備曾為平原縣令；唐代書法家顏真卿曾任平原郡太守，抗擊安祿山叛軍；清光緒 25 年，山東義和團領袖朱紅燈大敗清軍於此；傳說關羽刻的「龍城」木碑，放古城門上。我們還到文化公園來懷思劉關張的故事。

　　中午和車友吃飯，《德州晚報》記者也來，飯後到劉關張園區接受拍照及訪問。網友齊格 18：00 來帶我們去吃晚餐；看來，騎了 39 天，是越騎越肥囉！

　　在平原縣美利達店，發現車鏈條怪怪的，仔細一看，快速接頭斷裂，馬上請老闆換掉，不然半路斷掉，我可能摔車或……。飯後，齊格帶我們參觀酒廠。讓他破費，真是感謝。

　　明天要往滄州，但文隆兄來電：「明天晚上一定要到天津！」後天文隆夫婦要帶我們遊北京。好消息是，可以少騎 300 公里、省三天時間；壞消息是，離天津 300 公里，明天一天騎不到。電話連繫一晚，結論是請羽芬總經理派車來攔接，隨口約了 15：00 在滄州前國道104 的 260K 路牌處會合。

天津賀友拿博士學位

5月25日。早上有六位平原車友陪吃早點，還陪騎。早餐是當地特產豆腐腦。旅遊局局長、副局長等陪騎到建於清光緒年間的萬佛塔，才返回去上班。萬佛塔離京蒲鐵路僅僅幾公尺，聽說建築鐵路時想拆沒成、文化大革命時要拆但風雨交加而又保存下來。可惜現在沒人維護，任由荒廢。

後段由齊格等三位陪騎到德州，速度拉到25公里以上，很快到德州的UCC車店，稍做休息，由UCC老闆帶領到國道104，大家才分手。感謝齊格等兩天的陪伴。10：00多，跟阿茂開始趕路，約八公里，進入河北省。13：30到安陵吃中飯，騎了80公里，還在310k，飯後跟羽芬公司的張師傅通電話，估算15：00可以騎到國道104的260K。我們狂飆兩小時、50公里，時速幾乎都在30公里以上，到泊頭才停車買可樂喝；大約14：50抵達260K處，張師傅也到253K，就請他過來接我們。接我們車是三代CRV，我熟悉，把兩台單車輕鬆上了車，直奔天津。上了高速公路，下大雨，聽說二個多月天津都沒雨，我們一上車沒騎就降甘霖又沒淋到雨，媽祖保佑！

到天津，文隆兄安排住進漢庭賓館，跟羽芬公司同事、文隆兄伉儷一起晚餐、喝紅酒。騎了4000多公里相聚，就當專程祝賀文隆兄拿到博士學位。

5月26日至28日，搭車遊北京、天津及參觀南開大學等行程。沒騎車。

兩尊菩薩灑甘露

5 月 29 日，離開天津，市區繞一下，朝東北方前進，老天眷顧，前幾天熱到爆，今天陰天吹東風，一路輕鬆愉快騎車。11：30 就騎了 100 公里，午飯時接到青島于姐電話，說連絡唐山車友來迎接，要我們往唐山方向騎。

進入唐山，接到唐山車友電話，兩邊人馬擦身而過；他們騎舊國道 205，我們騎新國道 205，錯過約十公里；我們停下來等。唐山天路車隊來了近十人，帶領我們參觀唐山地震博物館跟紀念碑。還讓大我一歲的殷先生找旅館，晚上邀他一起用餐。晚餐時，雨超大，幸運又躲過。我不信鬼神，但阿茂說這幾天他強烈感應到，讓我也不得不信。

昨天到唐山，走過頭，讓車友追過來，就從東邊進入，轉個彎到唐山地震博物館，進去參觀。1976 年 7 月 28 日唐山大地震，24 萬多人喪生，阿茂說冥冥中走過頭到這裡；住進賓館就下雨，阿茂說兩尊菩薩在灑甘露。

今天騎了 135 公里。

冤魂跟菩薩申冤

5 月 30 日。從唐山出發，騎 99 公里時，我提議滿 100 公里就休息。往前一處陰涼，不約而同停下來。阿茂單車直直對著一棵大樹擺正，然後說：「有人正跪在他的車頭在跟菩薩申冤！」我轉身仔細瞧，樹上梆著布條寫著：「在此發生重大車禍，要找目擊者！」真巧？還是冥冥之中真有這回事！害我起了一身雞皮疙瘩。

今天走得不算順，從唐山走舊國道 205，路況很糟，沿途砂石車，堵得水洩不通，逆風、大太陽、阿茂破兩次胎……。阿茂又說：「兩尊菩薩還沒處裡好事情，不想太快離開！」空氣差、滿天灰塵，我心裡默禱媽祖：現在下場雨不知有多好……。果真雷陣雨！雨就下在我們前方 100 公尺外。

更奇妙的是，我們往前騎，雨也一直往東北方下，後面的路程，路面都很濕，顯然剛下過，幾分鐘後我們就到了。感覺是老天聽到我們說空氣差、滿天灰塵，就來幫我們澆水淋濕路面，持續 40 公里都是這樣。

今天騎的速度很慢，中午才騎 75 公里。15：00 進南戴河區，又雷雨。大約休息 20 多分鐘，雨停了。進入北戴河，雨後的海邊、沙灘更美，讓我們想留連北戴河，就住這裡吧！明天清晨 04：50 要起來看渤海灣日出。

今天騎了 135 公里。

北戴河看日出

5 月 31 日。清晨 04：30 起床看北戴河日出，太陽從一個小山頭昇起，天已經亮了。查了資料，秦皇島日出 04：33，北戴河晚 12 分。看過山東最東的成山頭日出，也看到了中國最美的北戴河日出。

北戴河是古代皇室避暑勝地，離開後，路過秦皇島，直奔長城最東的老龍頭。我想進去走踏這個中國最東的長城，問售票員及警衛可否

找個地方放單車？他們直接回絕，沒地方安全放車，只好放棄，只能從旁拍照。出了城門就到關外了。

天下第一關山海關距老龍頭約五公里。到山海關，又入關。這聞名中外的城門門票 100 元，我們堅持車與人同進退，車不能進，就在門口拍拍照。

離開山海關，再度出關。再見了中原！很快到了遼寧省。遼寧省公路跟青島很像，起起伏伏，騎得辛苦。今天我累了嗎？ 15：00 前到綏中縣，還好好的，再後面的 40 公里，騎得好累。可能是今天 04：30 起床，在山海關 11：00 就吃中飯，餓了，所以騎到冒冷汗，跟阿茂要了一顆在天津買的蘋果，吃後才恢復體力。之後和阿茂以 35 公里速度狂飆 20 多公里，到興城縣，看到的第一家賓館就住進去，才 60 元。

很累，想快點洗澡，再吃飯。衣服脫光，洗髮精也塗抹了，水放了半天還是冷的，不，應該說像冰水。好冷！只好快速沖洗，就跳出浴室，還冷得直發抖。原來電熱水器總開關關了。

巧的是，今天出長城最東的山海關時，跟騎 20 多天的小張來電話說：「我現在在長城最西的嘉裕關！」他在幾千公里之外的甘肅省敦煌附近；一東一西，幾乎是同一個時間到達，有夠巧合！

今天騎 163 公里。

欣賞渤海灣的好景點

6 月 1 日。遼寧省興城縣,又是一個誤打誤撞留下來過夜的城市。昨天很累,沒查一下興城,就睡了。今早出門看見路標寫著左轉古城 500 公尺,叫回阿茂一起轉進古城區。哇!興城太完整了,東西南北四個城門跟城牆都很完美,我們繞城中央跟四個城門沿城牆騎一圈,逗留一個小時才離開;到葫蘆島之前有處叫龍回頭的海邊,也是欣賞渤海灣的好景點;到葫蘆島時,青島于姐找當地車友帶路陪騎 40 公里,並到冬泳的地方合影留念!

後面的 80 公里不順。阿茂破三次胎,氣到丟掉後輪外胎。預計到大洼縣,一路破胎,加上毛毛雨,決定隨便找個住宿處就地休息,但在 S308 縣道上啥都沒,18:15 還在油田區補胎,正好瞧見一家招待所,就住下了,這是環中國以來第一次沒騎到城市就停下來。這招待所是給油田工人住的, 兩人房 40 元,算乾淨,但沒熱水沒浴室廁所公用,隨遇而安囉!

晚上跟阿茂把破胎通通拿出來整理,只剩四條補過的內胎,全新的都用掉了。到大連得好好補貨了。

今天騎了 154 公里,累計超過 5000 公里了。

政委娶媳婦真高調

6 月 2 日。昨天一整個不順,延續到今天 09:00。昨天一直破胎,吹著側逆風,車子感覺很重拖時速,怎麼拉,都上不了 15 公里。今早出門,走東南向還是吹側風,一樣騎不動,到離大洼縣 7 公里時,我

的前輪破胎。邊補胎邊聊天，阿茂說：「老天好像有什麼事，一直不讓我們去大洼縣。」

換好胎，還不到 08：00，阿茂說：「吃饅頭，慢點到大洼吧！」

昨夜下整夜雨，路面很溼，我們騎車，噴了一身泥巴，車子也是，在路邊清理車子鏈條好一陣子，再上路，一開始還是很重拖騎很慢。進入大洼後轉往南向是正逆風，說也奇怪，大逆風卻感覺車子輕起來，可以加速到 22 公里以上。阿茂說：「不要想太多。一笑置之！」

過了大洼約 20 公里，馬路竟淨空，接著 12 輛以上的法拉利、勞斯萊斯跟賓利等名牌豪車，開到我們旁邊停下來，我跟阿茂拿相機猛拍。賓利車上下來一位年輕人跟我說：「刪掉，不然沒收相機」。我隨意刪了一張，他就沒再理我；另一位攔下阿茂要求全部刪掉，還說：「政委兒子娶媳婦，低調一點。不要拍！」靠！這種排場叫低調？又或許我們拍照時太高調？

中午進入營口區的濱海公路，一家商店都沒，問路邊賣便當的小販，她說接下來 40 公里都沒商店，只好買了兩個便當，兩人就蹲在路邊吃午餐。

再來的路，是一條直到不行的新路，頂著逆風，時速維持在 18 到 20 公里之間，騎兩個小時連彎一下都沒。到遼河跨海大橋後才有商店。過了北海，又是丘陵地，上上下下，加上逆風，騎得很辛苦。騎到 117 公里，正在大上坡時，我的前輪又破胎，拆下來一看，跟早上

破的位置一模一樣，才發現早上沒把胎皮上的小玻璃片清除乾淨，又被刺破一次。這次算疏忽。

到達著名的港口鮁魚圈，鞍山鋼鐵新廠就設在這裡。16：00前就住進賓館，100元，補一下昨天沒洗的澡，洗個痛快。

我們在遼東半島上方，開始環遼東半島，先南下到大連跟旅順，然後再北上來回，多個800公里。

今天騎127公里。

平了破胎三次的紀錄
6月2日。騎車最怕兩件事：該硬的不硬、該軟的不軟。

要到大連近200公里，今晨起早，早出門，沒想到我的前輪又洩氣了。拆開來看，竟是一條很小的鋼絲插入輪胎，平了阿茂前天破胎三次的紀錄。

離開賓館，騎了三公里，沒找到早餐店；終於看到一家永和豆漿，進去吃，哇咧！這家真是爛又貴，燒餅不像燒餅，沒熟還有麵粉味。

途經白沙灣黃金海岸。這才叫沙灘！好幾公里長，真漂亮。台北淡水白沙灣的面積，大概不到這裡的十分之一。

接下來往南，吹著五級南風，一路小坡不斷，最讓人生氣的是，爬

坡已經慢到 12 公里以下，對向大貨車狂飆過來，一陣大風把我們吹得像撞牆，速度馬上降到要定桿。而讓我們放棄趕到大連的是，阿茂又破胎了，於是決定慢慢騎到普蘭店就休息。

在宿遷換的外胎，騎了不到 4000 公里就磨掉了，所以這幾天一直破胎⋯⋯。

途經龍江渡漕，這是 60 年前把水往高處運的槽溝，古人科技，建築宏偉！

16：00 住進賓館

今天完成 140 公里。

6 月 2 日。今天起床往窗外看，好像剛下過雨，地面很濕，還積水，問了櫃台小姐，她說，下很大，約 05：00 雨才停。這幾天來，我們所到之處，就下一晚的雨，遼東半島很久沒下了，下一點，是好事。

普蘭店到大連的路況還不錯，一樣丘陵地，高高低低，都是小坡，但遇到大逆風，還是很辛苦。到大連只有 65 公里，但大連好大，好在當地車友來迎，要不然，真不知道東西南北。光跟車友約在國道 201 的某處碰頭，都因道路複雜而改了好幾處，最後他們看到我們，我們竟上了高架橋、走在高速公路上，當地人也不管是否禁止單車走高速公路，一股腦兒就追上來，還陪騎了一段，才脫離高速公路。

到大連市區，要求先帶我們去找單車店換胎，找了好幾家，才找到兩條胎，讓阿茂先換。換完胎，去遊大連星海廣場、繞了海岸線。

今天騎 93 公里。

母親第二個故鄉：旅順

6 月 3 日。昨晚跟當地車友吃飯時，談到想去旅順的幾處景點，但單車存放是問題，只好改變主意，問了賓館的人，有沒有旅順一日遊的散裝行程？找到一人新台幣 310 元（含門票搭船等）的中巴併團去旅順，單程 46 公里；到南彈藥庫（甲午戰爭的另一個戰場），看到一邊是渤海一邊是黃海。

本來以為黃海水是黃的但卻相反，黃海海藍色，渤海跟黃河一樣，黃色河水。搭快艇繞旅順港，拍了旅順口的照片，還搭纜車去日本人建的軍魂塔。這裡的纜車陽春到有點兒可怕。

旅順很小。但到大連沒去旅順，真的會遺憾。兩人就花了快 800 元，完成繞完遼東半島的心願吧。

旅順是我母親的第二個故鄉，她 18 歲時，跟著台南州的醫生到滿州國來當護士，我循著母親說過的旅順事蹟，去尋找 70 年前的影像……。

晚上跟阿茂吃一人人民幣 59 元吃到飽的火鍋，算好吃。吃完，走到亞洲最大的星海廣場看夜景。

今天坐車坐了 125 公里。

6 月 4 日。在大連兩天，都住星海廣場旁的星海甲天下飯店，178 元，還可接受，早餐只有醬菜跟饅頭，每人 15 元，很難接受，乾脆買麵包當早餐。

06：30，當地車友就來帶我們走濱海公路，一開始幾個大坡，踩得喘吁吁。到老虎灘，只有 20 公里，卻騎了兩小時。過了老虎灘，到棒錘島，路況一樣起起伏伏（棒錘島因毛澤東在此游泳而聞名）。騎了 40 公里，大連車友飛魚才依依不捨回頭，接下來阿茂帶路，依然走濱海公路，再繞紅星海灘，繞完遼東半島的海岸線，比正常路線多走了 30 到 40 公里，今天又到不了原規劃的庄河市。

途中在濱海公路 323 公里處，發現一家海邊旅館，很漂亮，就進入問住宿，150 元，可以看海景，那還考慮嗎。早餐每人 25 元，晚餐點三道菜，好大一盤，根本吃不完，才 106 元。這間濱海旅館風景真的太美了。明天早上沒霧的話，就起床看日出！

今天騎 140 公里。

霧大看不到日出

6 月 5 日。青堆子離丹東市只剩 120 公里，今晨 04：00 醒來，外面雲霧很大，感覺是看不到日出，就繼續睡；阿茂還是去海灘晃了晃，果然沒看到日出。餐廳服務小姐說，這裡早晨霧大，很少有機會看到日出。

　　整棟旅館就我們兩個客人。早上，三位女服務人員陪我們吃早餐。早餐一人 25 元，菜色差，但給我們很多包子、饅頭和花捲，還打包一大袋，讓我們途中吃，出發還前送行到門口一起合照，很滿意她們的服務。這家旅館在濱海公路 324K 處，推薦一下。

　　離開旅館，沿著濱海公路走，發現路旁的里程碑寫著 300K，才驚覺離丹東走濱海的話，還有 300 公里，阿茂說到皮口鎮 201 國道跟西濱合併後，改走 201 可以省 60 公里。走國道 201，一路朝東北方，經過前幾天騎過的金州市轄區、普蘭店轄區；幾天前一路吹著西南風，我們吃盡苦頭，今天走東北方竟沒有一點點風，如果吹西南風，我們更輕鬆，但天不從人願，沒風，自己努力騎吧！

　　經過庄河市，繼續往前走 30 公里，到青堆子鎮，看到第一間旅館，就住進來，80 元，一大床，有網路，還提供洗衣脫水機，真不錯。

　　今天騎了 142 公里。

丹東深刻好印象

　　6 月 6 日。青堆子鎮是個路過的小鎮，小賓館老闆娘很客氣，要我們當自己的家，所以脫水機、曬衣架也都用了，好像整間賓館只有我們一間客人吧 06：00 離開，找早餐店，路旁不遠處有一家，豆漿跟臺灣的味道很像，又香醇也很便宜，值得推薦。

　　一早大霧，大到有小雨珠，小逆風，感覺還很好騎。08：00 到丹東市界，10：30 到長山鄉，肚子餓了，找到一家跟臺灣一樣的自助

餐店，口味很合。12：00騎了92公里，到丹東120公里，13：40就抵達了。當地車友閻小姐已在丹東車站等我們，幫我們安排住宿，也帶我們到警察局加簽台胞證。依規定要五天才能拿到台胞證，最後找主管協商說三個工作天給我們。

閻小姐請我們到23樓高的旋轉餐廳晚餐，賣的是風景，吃得不怎麼樣，連閻小姐也說以後不要來了。其實我們要的是風景，就算買門票也值得。飯後逛鴨綠江夜景，真漂亮。

丹東市以前叫安東市，有一條鐵橋連接北韓，韓戰時被麥克阿瑟（麥帥）炸斷，所以很出名。感覺丹東市政府做得滿好的，國道201整條路找不到一個坑洞、乾淨得一塵不染，施工路段也是乾乾淨淨，沒有塵土飛揚；晚上看到鴨綠江夜景加上水舞，讓我對丹東印象非常好，還有辦加簽那位女警于紅小姐，也是笑臉迎人，我們決定住到星期二，拿到台胞證再離開。

今天騎124公里。累計快6000公里。

今天是6月8日，出門54天了，請假兩個月，只剩七天。台胞證申請三個月，也接近期限，離目標漠河北極村，還有3500公里。經過兩天的思考，決定改變方式，搭火車去漠河，然後打電話回臺灣給老闆，請再給我一個星期的假，讓我搭車去完成漠河北極村的極北行程。

接下來幾天，簡述如下：6月9日，沿著鴨綠江到虎山長城，虎山長城號稱中國最東的長城。6月10登鳳凰山。6月11日丹東市區一

日遊，看鴨綠江斷橋。6月12日搭火車到哈爾濱，逛中央大街、聖索菲亞教堂。6月14日搭火車到齊齊哈爾。6月15日、16日分抵漠河、北極村。6月17日包車到內蒙古根河市，經大興安嶺需簽防火協定：不能帶打火機、生火和抽菸。6月18日遇臺灣旅遊團。6月19日抵額爾古納河中俄邊界，住蒙古包。6月21日環中國最後一個城市海拉爾市，搭火車回哈爾濱。6月22日轉機直飛中正機場。結束68天的行程。

有了第一次請假環中國的經驗，2013年4月依樣請假一個月，再次環中國。

一躍跨兩省。

福建省的山區跟武嶺路段還蠻像的。

走國道 104 到溫州,溫州沒有溫州大餛飩。

雁蕩山前的下坡竟然是石板路;震到變速器都散了。

白峰港搭船到舟山島。

南京最好吃的水餃在七家灣的清真館。

即墨的大學生邀我們去住他的寮。

青島車站德國人蓋的，好漂亮。

青島的德國式教堂。

在山東省榮城縣的捷安特店裡，美麗的記者來採訪。

山東省最東的成山頭東大門，是秦始皇派人出海找長生不老藥的地方。

漠河北極村的經緯度（其實還沒到北極圈的 66°33'）。

內蒙古滿州里市的夜景。

滿州里對岸就是俄羅斯，這裡是俄羅斯娃娃公園。

第八章

二度環騎中國之旅

2013 年 4 月再請假一個月，二度展開單車環遊中國。

神奇的第一天

4 月 27 日。19：10 從家裡出發，拜新開通的五楊高架道之賜，一路時速 110 公里，20：10 就到基隆港。引擎聲響，以為 22：00 準時開船，但 24：00 一覺醒來，還在原地。00：15 才啟航，翌日 07：25 到馬祖的福澳港。

先是馬祖的半日神奇之旅。第一站是參拜馬祖村的媽祖廟，帶著拱範宮媽祖回廟串門子，在媽祖文物館拍照時，遇到一位紳士，一聊才知是連江縣縣長，於是談到我認識的劉羽茵秘書長。楊縣長問我要去哪裡？我說參觀酒廠。縣長回說：「那我們酒廠見！」

20 分鐘後，縣長穿著去年我留給秘書長轉交的環中國車衣來，和我穿一樣的衣服，真是太神奇了！縣長和兩位車友伴騎了幾個秘密景點，還讓我「騙吃騙喝」一餐。14：00 馬祖到馬尾的船準時開航；16：00 到馬尾港。

從咸陽來陪騎的陳大哥已等候多時。去年在漠河認識陳大哥，約定今年福州見，他為了陪我環南中國，一個月前從咸陽出發，越過湖北省神農架，騎了快 2000 公里來福州會合，真令我感動。

馬尾港到福州市 20 公里，一路聽到熟悉的喇叭聲。南方交通依舊混亂，今晚住進如家連鎖酒店，陳大哥朋友吳志堅認識的友人開的，不用錢，還招待吃飯、結識新朋友。他們五月底要來臺自由行，可惜

無法接待。

環馬祖 20 公里，馬尾到福州 20 公里，今天騎了 40 公里。

驚心動魄的一天

4 月 29 日。06：00 出門，福州人更早，汽車喇叭聲不絕於耳，電動機車逆向，慢車道隨時有汽車衝過來，逆向還按喇叭，好像到了蠻荒世界，行車全無章法。

今天出門穿登山車卡鞋，還沒騎多久，就因馬路高低差，差點滑倒，還好脫卡脫得快。一路上都是非常差的破裂水泥路面，騎得驚險萬分，最後決定不再上卡，才能安心騎完 155 公里。

福州騎車的人很多。一路上追過跟被追過的，大約 30、40 人，都是要分兩天騎到廈門的，路線相同，只是我們是重量級的裝備。他們問我們騎哪裡？光是車衣背後的「單車環中國」，就讓人刮目相看了。途中「撿」到一位獨自騎車的小余，他加入我們的行列，成三人行。

福州市到福清市，除了路況差，都算是平路。福清到泉州，都是丘陵，一路起起伏伏，小余至少抽筋十次，研判坐墊調太高所致，幫他略為調整，後段他就騎得很輕鬆了。

半年來健身房的訓練，不是操假的，我狀況好，騎得輕鬆，都在等人。呵呵！本來今晚到惠安，太晚而做罷；離惠安不到 20 公里。不知道先祖是否自惠安來？或好像跟惠安有點關係，反正明天路過再繞繞

古城區。這裡離湄洲 50 公里，本想明天去湄洲，後來想這趟終點在湄洲，就先不過去了

今天騎了 155 公里。

想把氣象局招牌砸了

4 月 30 日。第二天開始騎，就看到氣象局預報泉州、廈門這兩天暴雨。這兩天都是皮蹦得緊（ㄅㄚ ㄟ 勒彈）。昨夜還報導廈門雷雨，05：00 起床看窗外，天是陰的，整裝出發，發現雲層多但不致下雨。

整個早上偶然出太陽，我心安不少。下午黑雲出現，卻飛快飄過。騎完兩整天，一滴雨都沒，徒讓單車客心驚驚；真想砸了氣象局的招牌。

一路丘陵地形，爬坡、下坡，沒間斷，最陡的是晉江縣跟廈門交接處。陳大哥從咸陽一路騎來，2000 多公里都沒「下馬」牽車，竟在此地下來牽車。

晚上住離廈門大橋十公里處，明天準備搭單車族專用的巴士過橋到廈門。住宿費 35 元，在熱鬧的夜市，吃飯方便。

今天騎了 146 公里。

5 月 1 日人山人海

昨夜住 35 元的民宿，還不賴。該有的都有，還滿乾淨的，唯一的

缺點是附送兩隻蚊子。22：00睡著，24：00被咬醒，在床頭發現，牠吃太飽飛不動，很好解決；第二隻05：00才來吃早餐，一樣飽到不能起飛就，殺死在枕頭上。希望以後住便宜的民宿，就免送蚊子了。

不能亂罵氣象局！今天起床，外面下小雨，走去吃早點還下，07：00打包好出門，就毛毛細雨，淋一個多小時連雨衣都沒溼。09：00後變好天氣，舒服騎了一天車，都沒流汗，感謝媽祖保佑！

單車進廈門島，不允許過橋，只能搭專用公車，連人跟單車只要一元。我們像搭專車一樣，三人三台車三元，女司機還一路跟我們聊天，棒透了。

廈門島環一圈約60公里，到了廈門大學，忘了今天是5月1日，人山人海的遊客，只在門口拍照，到此一遊；鼓浪嶼也遊人如織，就沒搭船過去。

廈門的交通建設很發達，都是立體高架橋，都寫著禁行單車。啊！啊～～，沒走高架，我們就一直迷路，要怎麼辦啊？最後還是上高架，才回到廈門大橋，再搭車離開廈門回杏林村。

從杏林村走國道314，再轉回國道324，到漳州，一路順風。快到漳州時，遇到兩位騎到泉州折返的女學生，一路邊騎邊聊，聊到漳州。她們幫我們找學校附近專租學生的住宿，較便宜，兩張床才80元，房間很大。

希望今天不要再殺生。

今天環廈門 60 公里、廈門到樟州 68 公里，合計 128 公里。

去土樓，該要相信誰？

5 月 2 日。昨天上網輸入福建南靖土樓，出現樟州到土樓 41 公里，這是天大的好消息。這麼近，不去怎麼對的起自己？06：15 出門，陰天，一路走往 319 省道，騎 25 公里，到南靖縣，看到福建土樓標誌，感覺很近了。右轉進入南靖縣城，問雜貨店老闆，答案是下個紅綠燈右轉。結果走了 12 公里才看到紅綠燈號誌，已經騎了 41 公里，時間是 09：15，再發現一個路牌寫著「土樓 40 公里」。嚇！只能再往前走，一路像武嶺一樣的坡 40 公里，直到 13：00 才到，騎了近四個小時。

抵達的興奮只維持一分鐘，原來這裡只是土樓風景管理處，買好門票進入，還要 11 公里才到第一個土樓群。當場吐血呀！旁邊小休旅車攬客，只好搭車遊全程 34 公里的土樓群。包車 150 元，對待臺胞還算客氣；拿出臺灣的殘障手冊，竟然有用，可以免費入園。

土樓園區是世界遺產，11 公里處的土樓是在電視網路中最常見的，四圓形一方形的土樓，建於西元 1666 年，16 公里處最高最大的五層土樓，又稱東歪西斜樓，已經 705 年了。20 公里處的張姓家祖廟，是很有特色的建築。南靖區有 15000 座土樓，該相信誰呢？只能搜尋可能找到離南靖最近的那間土樓。回程已 16：00，20 分鐘後有下山到南靖的公車；擔心下山摸黑就搭公車吧，兩人兩車五十元，就拆解

輪子上巴士。上車時要付錢給車掌，竟有人幫我們付了。天下有這麼好的事？原來是位才 19 歲的漂亮小妹，她說昨天在樟州高速公路搭便車，跟我們揮過手。這位郭小妹是旅遊背包客，我還錢給她。我們一路聊到南靖，還相約廣西見。

今天樟州到南靖土樓 82 公里。

錯誤抉擇走上好漢坡

5 月 3 日。住南靖，問當地人汕頭怎麼走？

當地人回說：「走山路經霞寨，就到廣東省，最快只是幾個坡。」

「坡很陡很長嗎？」「比你們今天騎的算小 case!」我問他答之後，就走上好漢坡，前 20 公里平路，僅路面破碎不堪，水泥路面破裂碎石子很多很難騎。中段 30 公里陡到不行，12：00 才騎 56 公里，14：14 騎了 77 公里，至松柏關隧道；過隧道後三公里，終於跨過福建省到廣東省。

此路段沒遇到任何單車客，足見此路不好騎。好在過了省界，下坡多於上坡。到九峰村後剩下兩個上坡後就一路下坡。本來計劃晚上要到饒平縣黃岡市，結果到浮山村，已天黑，只好住下，離黃岡市 25 公里。

在福建省五天都是騎車好天氣，除了廈門那天毛毛雨之外，都是陰天偶而出太陽。今天一樣陰天，但一進廣東省界，就下毛毛細雨，約

五分鐘，弄濕地面，減少灰塵飄散，感覺老天是大地洗塵後歡迎媽祖跟我們的光臨。

感覺很棒、很開心！

今天騎了 136 公里。

辛苦過後的快感

5 月 4 日。昨天痛苦一早上，換來一天半的快樂。

今天持續好騎，維持一個早上，11：00 就騎了 80 多公里；從饒平出發，路都是微下坡，唯一遺憾的是路況不好。基本上，中國南方都這樣，像龜兔賽跑——南方像兔子。古代開發早，現在要翻新就難，趨於牛步化；北方像烏龜，古時少開發，直接現代化，都是六線道，非常平整。

汕頭開發得快，市區道路也很 OK，但郊區就不行了。今天偷偷上了快速道路的汕頭磐石大橋，超級快速過跨海大橋，收費員沒理我們。一過橋就開始雷陣雨，雨又大又急，地面到處積水。

半小時之後變小雨，只好冒著小雨前進，大約再騎了 15 公里，就決定找住宿。16：00 住進賓館，又開始下大雨。氣象局真不準，說今天是陰天啊！

吃飽飯，在當地最豪華的咖啡館喝咖啡。一杯伯爵奶茶 25 元，不

輸臺灣。沒喝這杯咖啡，就無法上網，才 18：50，哪睡得著？

今天騎了 114 公里。

犯了長途旅遊的大忌

5月5日。我帶的那雙舊卡鞋，計劃騎完這趟就丟棄，前天路況不佳，穿卡鞋險象環生，前晚就丟掉了。昨天下午淋雨，今早鞋子沒乾又沒有備用的，只能穿濕透的鞋子騎整天，腳不舒服。唉！真不能丟棄任何裝備啊！

廣東省騎了兩天多，市區道路好到不行，郊區路況都很差。今天從普寧市出來，光修路的地方達 30 公里；大概明年來的人就可享受到一級路面囉。

騎到陸豐市，心想：常聽到客家人說你講的客家話是海豐還是陸豐？google 一下，果然陸豐市隔壁 26 公里處就是海豐市，又多了一項見聞。

今天 05：00 起床，外頭下毛毛雨，就繼續睡；07：00 起來，嘿！雨停了。吃完早點，08：15 出發，一路地面積水，加上濕透的鞋子泡得我的腳底都麻麻的；10：00 又下一陣不大不小的雨，只好停下躲雨，幸好 15 分鐘就停，接下來都是最好騎車的陰涼氣候。

路況不佳，還是在 17：00 前就騎了 143 公里。晚上住海豐市市區的高級賓館，才 130 元，幹嘛住 70、80 元附送蚊子的小民宿啊？住

宿旁邊就夜市，吃快炒喝啤酒，真愜意！

今天騎了 143 公里。

老天跟我開玩笑

5月6日。06：00起床，地濕的，天是陰。開始騎車，感覺毛毛細雨，就穿起狗鐵絲夾克；穿好雨就停。一路上就這樣，一下子毛毛雨；一穿好夾克就沒雨，連番四次。雖麻煩但沒抱怨，因為總比老天一直下雨來得好吧！

離開海豐市，走 324 國道。這條路從 0 公里處騎到 800K，才依依不捨離開，轉入往深圳的 356 省道。在 356 省道上，發現淡水同名地。到淡水，格外親切，但淡水的朋友怎麼沒來接客啊？

那兒是惠州市惠陽區的淡水鎮，本想住下，編些故事。可還太早，就再往前騎 25 公里，進入深圳區，離市區 40、50 公里，趕路到不了，就休息吧。

今天整天都沒出太陽，但防雨夾克穿穿脫脫，悶著了，感覺中暑，脖子有些緊，有點無力。問櫃台誰會刮沙？請來鄰居刮一刮。大陸真是臥龍藏虎，媽媽級高手，刮得我後背一大片紅又黑，還說前面也得刮，就這樣，暑氣全消。刮都不會痛，真是高手，還免費呢，超級幸運。

今天騎了 148 公里。

怎麼可以少了港澳

5月7日。今天橫跨深圳，09：00就騎了58公里，到鹽田區的沙頭角，找到陳大哥的同學。他招待我們參觀航空母艦，票價130元，好貴，還不認臺灣的殘障手冊，中午也請吃大餐，真是不好意思。

午後到鹽田區的美利達店，維修陳大哥的單車、買馬錶，店長小雄很熱心，服務不錯。

從鹽田到蛇口港44公里，本來要繞盤山公路，陳大哥說闖一下隧道吧，省下五公里的繞山，16：00就到蛇口港；從這裡可以到香港和澳門。這讓我想到：環中國怎麼可以少了這兩個地方，嘿嘿！再來規劃一下。

搭上17：45的船，船票130元、單車20元，一小時抵達珠海。入住如家連鎖旅館，用金卡會員的卡，一晚158元。

今天騎105公里。

遭遇連連怪事

5月8日。接連兩天暴雨，什麼怪事都有，什麼都不奇怪！

第一樁，晚上在旅館，陳大哥的輪胎沒氣，22：00多補好胎，翌日03：00上廁所時又沒氣，連夜補胎，06：00又消氣，連補三次，放臉盆都測不到漏的氣泡，只好換新內胎。

第二樁，從早上到中午都跑給烏雲追，天黑到不行，雨就是沒下在

身上，14：15 剛過古井大橋，開始暴雨，好在有加油站躲雨，等了三小時，問到前方 100 公尺有民宿，我們穿上雨衣衝過去住下。

第三樁，更怪，我們一過橋，就騎錯路，老天下大雨好像要攔住我們似的，但我們沒覺醒，誤以為過了古井大橋，就是要走的路，一路往西北方走，騎了 17 公里，才發現方向一直往北。問了路人，才知得要退回古井大橋，但沒橋可過，只有一條高速公路的橋，要不然就需搭渡輪。如果不回頭往北走，繞一圈，大約多了 150 公里，想想，只好退回原點。

第四樁，騎沿海的省道，都是到了河邊或海邊，就沒路可過河，需搭渡輪。今天搭第二趟，在台山市橫山碼頭，因為潮汐，過海後在北陡鎮住下；大退潮從 04：00 等到 06：30，漲潮才能開船。

這兩天各騎了 88 公里和 141 公里。

南方洪澇 騎車不宜

5 月 10 日。今天起床，天黑黑，狂奔 50 公里，到陽江市尚未進市區，就狂雨猛下，比起暴雨要大上一倍。就等雨停，還不到 30 分鐘，整個陽江到處淹水，互相商量後，直接搭車到海口市。

聽說廣東省這三天都下暴雨。南方洪澇，不適合騎車，只好快快逃離。雨實在太大，叫了一輛三輪摩托車，載我們到公車總站，離總站還有 500 公尺處，引擎進水拋錨，涉水牽車，水深及膝，全身濕透。

11：10 搭上陽江直達海口的巴士，16：00 抵海口對岸，17：00 巴士直上渡輪，18：15 到海口市。天雨，拿相機拍照的機會不多，只有幾張淹水照。

今天騎了 72 公里。

路爛偏逢雷陣雨

5 月 11 日。昨晚當地電視新聞報導，陽江市淹大水，廣東省其他地區也都下暴雨，處處淹水；逃離廣東，到海南島，是對的。昨天陽江市的雨，可能是我這輩子看到瞬間最大的降雨，整個市區積水約莫 45 公分高，低窪一點的到腰部。我們搭的機動三輪車，車底板也進水了，行李都泡水。

海南島有三條國道：223 海南東線，224 海南中線，以及 225 海南西線，都到三亞。今天要環海南島之前，車友提及海南島國道 224 修路，路況爛到不行。我們一查，還有國道 223，就走這條吧，看來是車友筆誤，原來爛路在國道 223，從路標 89 公里處起，是大坑洞又積水的紅泥巴路，滑到不行，幾乎都得下來牽車。

真所謂「路爛偏逢雷陣雨」，此時一場雷陣雨，逼得我們躲在路旁茅屋避雨，一台公車停下來按喇叭，司機大哥問道搭不搭順風車？他說：「往前 30 公里都是這樣子的路，現在又下雨，到天黑，你們都過不了。」

鄉下司機真是太棒了。他讓我們和兩台單車上了小巴，既躲過雷陣

雨，也逃過爛泥巴路。真幸運。

離三亞 180 公里，有些尷尬，一天騎完有點遠，分兩天又有點近，明天看著辦。等等吃飯，逛瓊海市，已經騎 95 公里，無論如何也要騎 100 公里。

今天騎了 100 公里。

太陽毒辣熱到爆

5 月 12 日。今天起個大早，趕一下路，沒料到國道 223 路況像鋸齒一樣，高高低低、上上下下，無窮盡循環著。

05：30 開始騎，時速始終維持 16 至 17 公里；11：00 多吃中餐，才騎 83 公里，想趕到三亞的美夢破滅了。

國道 223 的 223 公里處要進入山區，大約有四公里的連續上坡，有那種從鳶峰到昆陽的感覺，陳大哥下來推車 500 公尺，我的速度大約五、六公里。太陽毒辣又沒風，熱爆了。騎了快一個小時，幸好只有四公里，然後就連續下坡三公里，時速飆到 50 多公里。

不到 16：00 就進入陵水縣黎族自治區，我們放棄往前衝，離三亞還有 70 至 80 公里。明早出發，中午前可以到達吧！

今天騎了 136 公里。

來到中國最南端三亞

5月13日。今天起個大早，再趕一下路，但人算不如天算。出門五公里不到，遇到修路，長達35公里，騎到雙手麻痹，才離開修路區。

大陸地區換個鄉鎮或城市，幾乎都在山上的高點。國道223的300k也是在山的最高點旁。這裡，遇到一群大學生牽車上來，我騎過他們身旁，還被鼓掌喝彩。還遇到四位遠從重慶來、年紀和我相仿的車友，相約一起午餐，但到了三亞，找不著他們，只好作罷。

午飯後直奔天涯海角景區，正為單車傷腦筋，旁邊公安說：「我值班到17：00，車子放崗哨外，幫你看著，準點回來就好。」遇到這麼棒的公安，就安心逛樂園。

60歲半票，有殘疾證明免費，又省了100多元。我載著媽祖，去過最北的漠河北極村，現在來到中國最南端的三亞。明天再帶媽祖去南山寺。

今天騎了126公里。

熱氣薰出夾背汗

5月14日。昨天時間不夠，又不知道天涯海角再往西南走，是否有住宿的地方，雖說南山寺就在不遠的20公里處，我們還是選擇退回三亞市區看夜景。今天再走20公里到天涯海角，後續往南山寺。

氣溫高達40℃，好熱！臺灣綠島的衣服拿來這裡，肯定大賣。無風

無雲，站著不動都滿身大汗，還騎車勒。

　　和昨天一樣，遇到好心的公安幫忙看車。單車放在他的崗哨旁，他說：「沒事兒，放心去玩吧！」
　　昨天進天涯海角景區，兩個人只買一張半票，今天更厲害，拿臺胞證加殘障手冊，兩人都免費。省下一筆門票錢。臺胞的殘障手冊，去年幾乎都不被認可，今年好幾次都免費。

　　大陸網友也討論自家景區的門票太貴。光南山寺一般門票120元，進裡面拜觀音佛像，還要88元，搭最便宜遊園車30元；加起來200多元，貴啊！

　　中午沒吃飯，快速逃離海南島的最南端，回到市區，看到肯德基，就衝進去吹冷氣。大家的目光都朝向我，瞅著我全身高溫濕透而散發出來的熱氣。

　　住進車站旁的旅館，洗車褲時，竟洗出一臉盆黑水，汗到底流了幾公升？

　　今天騎了88公里。

媽祖冥冥中有定奪
5月15日、16日。昨天攝氏40度炎熱天氣，一早暴雨。氣象報告廣西省洪澇，很多區域都淹大水，和同伴討論決定，中止往西到廣西南寧的行程。

一早到車站搭長途巴士，往廣州的有到福清市，從福清到平潭約100公里。買好車票，司機說這班車只到惠州楓亭，還說楓亭離平潭也是100多公里。好吧，就上車。車上半昏睡，突然起個念頭：如果到湄洲島，順不順路？

醒來問司機：到湄洲島，要在哪裡下車？司機回答：「同樣在惠安楓亭鎮。」我心中OS，怎麼這麼巧，就陪媽祖娘娘回老家吧。

大陸某些地方很落後，像海口市某個港口管理很差，船班沒時間表，沒坐滿乘客不開船，從11：00等到14：30才開，候船室沒空調，貼著禁菸沒人理，乘客吵鬧聲不斷……。長途巴士也禁菸，車內卻菸味瀰漫，後來才知道司機也抽菸。總之，我痛苦搭了28小時，處在菸味和暈車之間。

一路上，車子開得快，雖然等船耽誤三小時，還是準28個小時到站。下了楓亭站，連續問了三位當地人：「湄洲往哪走？」回答都是往莆田市走。

我騎了20公里，問一位司機，他叫我退回楓亭鎮，說直線過去60公里，走莆田是L型，約90公里。20加60，等於80，有差嗎？還是往前走。

到湄洲港口，拿臺灣殘障手冊，船票從68元減為10元。登上湄洲島，開始下大雨，先找住宿，等雨停，再出門。17：00雨停，到廟口……，17：25竟敲鐘關門。看來，媽祖想要明天早上再回祖廟吧！

今天騎了 110 公里。

5 月 17 日。20：00 睡，半夜 03：00 醒來，外面雨聲淅瀝瀝，心想不妙，如果 05：00 還下雨，搭 07：00 第一班船的計劃就破滅。迷迷糊糊又睡著，05：00 起來，天剛亮，雨停了。興奮地快速整裝，捧著媽祖衝上湄洲媽祖廟區，先到太子殿，安放媽祖在供桌，再問主殿位置，帶媽祖到主殿安置。

在這裡，遇到兩位新竹玄清宮的人，聊了一下。06：20 快速下山回旅館，提了行李，往渡船頭，即時趕上 07：00 船班。到湄洲港，開始我單車旅程的最終日。每個人都說要到福清市前十多公里處才能轉東南方，我不死心，只要有岔路口，就問司機。

往福清市方向騎 80 公里，停車買水，問雜貨店老闆，他不清楚，改問隔壁衛生所的醫生。那位醫生不但說得清楚，還畫圖告訴我大約還要騎五小時。

依據醫生指引的縣道 173，總長度 15 公里都是山路，直接切到福田區，騎一小時。騎 99 公里時，路標寫著還有 48 公里，差點跳車；騎 140 公里時，到小山東港口，以為到了，可以搭渡輪到平潭。問了一群工作人員，回說：「這裡沒渡輪，單車不能過福平高速橋」，又爬回高點，到高速公路口，問附近的人，答案是「沒辦法過，只能搭車」。

這時有輛麵包車喊價：過橋 80 元、平潭市 100 元，渡輪碼頭 150

元。哇，搶錢啊！選了 80 元，但一過橋，到處施工，煙灰瀰漫，只好花 100 元囉。

但沒想到是，高速渡輪碼頭路還有 10 公里，路更爛，趕在 16：30 到碼頭。問了碼頭服務人員：「單車要拆解嗎？」她說不用，可以整車搭船。

碼頭位於東南角，很荒涼，在附近一公里處的東澳小漁港找到住宿的地方，就安頓下來，明天搭高速渡輪返臺，結束 20 天的大陸行。

今天騎了 153 公里，這趟總計 2185 公里。

借人民幣買船票回臺灣

5 月 18 日。09：00 的船，07：30 就出發到渡船碼頭，拿出臺胞證告訴櫃檯：「我在臺灣訂票，也匯款了」，小姐查了又查說：「沒有購票紀錄耶。」

於是打電話回臺，老婆給臺灣旅行社打電話，打了沒人接……。08：25 還搞不定，櫃台說：「08：40 就關門不賣票了。想搭這班船，最好再買一張票。」

身上剩現金 200 元，新臺幣還有 12000 元。收不收新臺幣或刷卡？竟然不收。怎麼辦？可以領錢的地方還在一公里外。正好有位臺胞過來取票，可以換錢嗎？他數了數身上剩餘的，還有 500 元，我拿新臺幣 2500 元給他。感謝及時雨！沒這 500 元，大概得慢一天回臺灣了。

第 21 天回到臺灣。回臺後的十多天，他們才把船票的錢退還給我。

環中國整個海岸線只差不到 500 公里就全部完成，心裡一直掛念要不要把這段補齊？這時，我在 2013 年底結識、臺灣登山界赫赫有名的林忠亮，正在規劃單車騎川藏線，我們一拍即合，於是就開始籌劃這個不可能的任務。

在往廈門路上遇到獨自旅行的小余，後來他來臺灣環島，我陪他上武嶺、騎塔塔加的超級環島。

在漠河認識的陳先生從咸陽騎到福州，來陪我環南中國。

泉州看到蔡氏古民居（不知我的祖先是不是住在這裡）。

漳州的南靖最有名的土樓（四菜一湯樓）。

最高的東倒西歪土樓。

大陸南方的路都是硬路面，都是水泥鋪的。

汕頭磐石大橋是高速公路，我們跟著電瓶車衝了過去。

騎車上船，到處拍美景。

騎在國道上遇到大河，竟然沒橋只能搭渡輪。

海南島氣溫達到攝氏 42 度，熱到快蒸發。

平潭快輪碼頭（平潭到台中港或是台北港，只要 3 小時）。

第九章

單車挑戰川藏公路

上一回合的環中國海岸線因為南方洪澇，還差了一段到南寧，差不多 500 公里；正想著要不要補齊呢？或另起新計畫？時常惦在心，適巧林忠亮——人稱亮哥的登山界聞人，正在規劃單車騎川藏公路，兩人一拍即合，於是訂下了川藏之約。

近幾年來，西藏是禁止包含臺灣人在內的外國人進入。因此，當亮哥找來旅行社，我直截了當問：「確定可以騎單車進入西藏地區嗎？」旅行社答覆：「只要辦理入藏證跟軍區通行證，並請保母車跟導遊就沒問題！」

經與旅行社再三確認跟保證後，川藏之約將在半年後實踐，主要是川藏有 14 座 4000 至 5000 公尺高的大山，除了要有足夠的體力，還要考量高山症。

為了挑戰川藏之約，在這行前半年之內，我攀登玉山、嘉明湖、三叉山、向陽山、奇萊南峰、南華山、合歡群峰……，還在松雪樓住三天，每天起床就跑向武嶺，再登合歡主峰跟合歡東峰，跑到缺氧，但稍微休息就恢復正常，因而確定 3500 公尺的高度是不會得高山症，但臺灣玉山最高不過 3952 公尺，5000 公尺我會不會有高原反應？誰知道啊！

2014 年，62 歲的我擔心成為別人的負擔，於是再度加入健身房，請教練好好訓練我，讓體能和耐力達到巔峰。就這樣，每天上健身房自我訓練，每周教練磨練最少兩次，都操到全身滴汗、衣服濕透，有一天，教練跟我說：「你現在的體能跟肌耐力比一般年輕人都強，騎

川藏應該沒問題！」

踏上川藏旅途

5 月 27 日。04：00，從新竹上高速公路，雨大到快看不到路，於是展開了我的川藏行。

桃園飛香港，準時 07：15 起飛，08：35 香港轉機，09：50 港龍航空準時上機，全數坐定才宣布中國境內空中繁忙延遲 45 分起飛，到成都 13：45。

成都雙流機場到市區不遠，很快到安逸 158 連鎖賓館，大家快速組合好單車試騎。打包單車上飛機，要放掉輪胎的氣，帶去的打氣筒沒壓力計，想找捷安特或美利達車店量測單車胎壓，店家竟沒胎壓計，讓我們開了眼界。

當晚在成都吃欽膳齋，第一餐吃太好了；聽說這家皇帝吃過。
成都是三國蜀漢劉備的發跡地，城市發展快速、幅員大，且交通擁塞。

明天 06：30 出發。

卓文君的故鄉

5 月 28 日。成都是有 2000 萬人口的大城市，人的素質比起中原地區有差。06：40 出門騎車，一位穿著時髦、騎著電動車的小姐從旁經過時，她突然「咔批」，吐了一口痰，差點吐到我腳上。讓我一早

的好心情都被破壞殆盡。

前年騎福建往浙江時的景象又出現：逆向行車、喇叭聲不斷，紅綠燈是參考用，讓我們這些外地人停在紅燈前像呆瓜一樣。

這次川藏騎行五男三女。玫姐在成都買了美利達的菜籃車，就加入騎行行列。成都紅綠燈很多，早上約騎了三小時才脫離市區，一路上道路有幾段不是很好，還有封閉的，所以走得很慢，近中午才60公里。午餐在一家有機雞蛋的農產品之家叫「有機會所」，400元一桌的菜多到爆，都是名菜，麻而不辣，真好吃，午休到13：30才上路。

這家新餐館的廁所一樣新潮，女廁竟有八個坑，沒有隔間，同行的女生只好輪流一個人享用八個坑，其他人在門口把風。真的是奇景！

剛過邛崍縣，易兄就破胎，補好後無法打氣，拆開後發現，原來破兩個洞。

邛崍縣是卓文君的故鄉，卓文君和司馬相如的典故，大多數人耳熟能詳。沿路有很多取名文君的商店或酒莊。剛進入名山鎮，下毛毛雨，大家決定就地找賓館住下，看到一家鴻運飯莊，有住有吃，就這裡了。

今天騎了124公里，算是熱身。

蜀道難行還得行

5月29日。繼昨天下午的爛路，今天這段更爛，水泥的路面爛到極

點，稍不小心就可能滑倒，重型卡車拖車一路按喇叭，超級多的貨車一路逆向超車，險象環生，還有好幾段的大塞車，原來是軍用大卡車下山運補，一次就是上百輛的車次。途中經過雅安市，是 2018 年大地震的震央，現在已經是高樓林立。

318 國道就是單車族所謂的川藏線——騎車者的天堂路；過了雅安三公里才真正騎上 318，從成都到雅安，騎 108 國道，雅安到天全的路應該都是被重型車超載壓壞了，維修的速度也趕不及大車的碾壓和破壞。

最扯的是，在天全縣前三公里處，竟然塞車一小時，連單車都過不了，原來是 300 台軍卡要下山，害我們中餐延後吃。中餐吃完，保母車輪胎竟被插了根釘子，我們騎車到預定住宿的紫石村，還多等了保母車半個多小時。

紫石村是個很古老蜀道的驛站，我們住在一間有很大院子、青菜都是自己種的民宿。飯後，一群人在民宿茶亭下泡茶、聊天，真的很悠閒。

今天騎車 94 公里。

二郎山不算山

5 月 30 日。今天進入 318 川藏公路，要爬的第一座山：二郎山，海拔約 2200 公尺。

318騎行祕笈說到：「二郎山是進入川藏公路的第一個山，很辛苦，但當你騎完川藏公路全程之後，你就覺得二郎山不算什麼了。」以前二郎山沒有隧道時，要騎到山頂，應該不輕鬆，但現在有隧道、有燈光，路面也平，挑戰沒那麼高了。

二郎山隧道位於四川省雅安市與甘孜藏族自治州交界，是川藏公路南線318國道穿越二郎山的關鍵工程，全長4176公尺，第二段別托隧道長101公尺，海拔2182公尺，2001年1月11日全面通車，當時是中國最長、海拔最高的公路隧道。

早上由民宿安排早餐，榨菜、白煮蛋，還有醃高麗菜，家常到不行。

出門開騎就是一連串2.5小時的爬坡，到海拔1330公尺的新溝鎮，經過老虎嘴隧道，是段無燈的黑暗道路，積水跟坑洞都是半個大卡車輪胎深，騎得驚險萬分，可以比擬是「摸黑越野」，好在出發前買了超級亮的手電筒才能安全度過。

往二郎山途中，隊友呂先生踩斷鏈條，大家分工，很快修好，繼續前進。

爬山時，遇到騎川藏的車友約20、30人，爬得喘吁吁，有人推車、有人路邊席地而坐。我們輕裝，輕易一一追過。

11：00多，登上二郎山隧道，過隧道後幾乎都下坡，滑行十多公里，直接到達大渡河旁的瀘定縣。順道去參觀瀘定吊橋。聽說這吊橋是國

共戰役的轉捩點，共軍成功攻下瀘定橋，從此轉敗為勝。

　　明天將是精彩的一天，要到康定去唱情歌。先從瀘定 1330 公尺爬到康定 2395 公尺，再登上 4298 公尺的折多山，考驗才開始呢！

　　今天騎了 87 公里。

到康定聽情歌

5 月 31 日。依照行程表，今天是輕鬆愉快的一天，表定騎 50 多公里就到康定；要到這個從小就聽過的情歌之鄉，一償聆聽情歌的夙願。

康定情歌
跑馬溜溜的山～上　一朵溜溜的雲～喲
端端溜溜的照在　康定溜溜的城喲
月亮彎彎　康定溜溜的城喲

李家溜溜的大姊　人才溜溜的好喲
張家溜溜的大哥　看上溜溜的她喲
月亮彎彎　看上溜溜的她喲　喔～

　　出了瀘定，海闊天空。道路好，雖陡坡但沒坑洞，心情爽朗許多。剛過瀘定兩個隧道，開始爬坡約八公里，上升 500 公尺後又連續下坡四公里再爬升 250 公尺高度，這時看到下坡會高興得流淚，但下的坡多爬的更多啊。

中段沿著大渡河，算是微坡，一路騎來蠻舒服的，騎了 35 公里後才轉成大陡坡。有兩位隊友在這段速度較慢；約 12：30 到達康定邊。康定老城區街道小，易塞車，我們又騎了三公里到新城區吃飯、找住宿。

下午搭車去木格措湖，門票 105 元、搭車 90 元。好貴！剛搭上遊園車，就有位康定姑娘在大家簇擁下唱起《康定情歌》；木格措湖真美值得遊！

今天大晴天很曬，騎了 61 公里、搭車 60 公里。

繞著折多山爬

6 月 1 日。折多山是座有條彎蜒曲折很多轉折山路的山。從康定出城，就有臺灣清境到武嶺的 fu。一路陡上八公里到曙光中橋才有 30 秒的下坡，然後到折多塘 15 公里爬升 900 公尺，騎了近 2.5 小時，接下來的 23 公里爬升將近 1100 公尺。整個路程就是在繞著折多山爬。

13：30 到達折多山頂前約在 500 公尺時，開始下雨，越下越大，還夾冰雹。短短 500 公尺停下來、穿雨衣，很麻煩，就直接衝了，4298 公尺高山的冷，不是普通的冷，冷到手都凍僵，終於到達山頂。根本沒時間拍照，只能在保母車上發抖，還好準備充分，羽毛衣和 Gore-Tex 都派上用場。

隊友約 15 分鐘後也達陣。

完成標高 4298 公尺折多山的挑戰，下山時雨沒停且溫度約攝氏零度，如果騎下坡，鐵定凍成冰柱，就搭保母車下山。途中雨停了，大家要求繼續騎。往新都橋方向走，約 14：45 找到餐廳吃中飯。

到新都橋，找好旅店，司機小汪帶我們去塔公草原看風景。一路上修路，顛簸到不行，18：40 到塔公草原，從這裡遙望貢嘎山，真是美呆了！這裡 20：00 天黑，也才吃晚餐。

今天騎車 78 公里。

飛沙走石　灰頭土臉

6 月 2 日。新都橋出發，往 4412 公尺的高爾寺山，是條準備要廢棄的道路，等隧道挖好，就不會再走高爾寺山頂了。所以，這段路柔腸寸斷，比美臺灣河川越野路線的 85 公路。但最辛苦的，竟是下坡——飛沙走石——有車過就像沙塵暴，簡直是一場災難。

今天行程本來要到雅江縣。到雅江 14：30。這幾天幾乎都是下午二、三點午餐。經討論後決定再騎 17 公里爬升 1000 公尺，明天才會輕鬆一點。可這 17 公里整整騎了三小時。17 公里上升 1000 公尺——雅江海拔 2530 公尺，相克宗村 3500 公尺，很累啊！

晚上住布珠的家，是川藏線上最有名的騎車民宿天堂。老闆很客氣，說這裡沒好料理，但保證大家吃飽，一直加菜，飯後還有酥油茶。這家旅店，還有藏族客廳的擺設，讓我們驚豔。

今天騎了 96 公里。

爬不完的山　累不死人

6 月 3 日。今天行程是川藏騎行秘笈裡寫著最辛苦、嚴峻的一天。好在昨天先爬完 1000 公尺到達 3500 的高度。早上出門就是盤大菜：直上 4659 公尺高度的剪子山，彎彎曲曲，路旁還寫著「天路 18 彎」。一樣 17 公里，直上 1100 公尺到 4659 公尺的剪子山，接下來還是上上下下，離山頂兩公里要爬 250 公尺高坡度 12.5%；到 4429 公尺的卡子拉山，接著下坡路段一樣起伏很大。

在台灣騎車的人大部份都騎過武嶺，最後的兩公里大家都稱之為天堂路，何況這段是在 4400 公尺，空氣更稀薄，騎起來更是看到了天堂啊！

17：00 到紅龍村。地處偏僻，只有很簡陋的居家民宿，沒浴室可洗澡，廁所是兩片木板，糞坑內萬蟲蠕動，決定不住這裡，搭車 37 公里到理塘住宿。明天一早再把我們送到搭車處，一樣從紅龍村開始騎！

今天騎 86 公里。

辛苦了，單車騎士

6 月 4 日。二郎山隧道，是中國政府於 2002 年與外國技術合作，之後就有能力自建隧道，整條川藏公路於是開始自建自造。但開隧道的同時，舊道路不再維護，以致那兩、三年期間，舊道的路況非常差、非常爛。辛苦了單車騎士！

翌日搭車回紅龍村的途中，一路記下哪裡是爛路、哪裡是爬坡，規劃等等怎麼快速騎回來。一樣的上坡下坡，從 3900 到 4330 公尺在這之間陡上陡下，最後的十公里遇到鑿山洞，又是爛路兼爬坡。好在登上 4330 公尺的脫洛拉卡山頂，就是下山，我練過，飛奔下山，大約三小時，回到理塘縣城。

下午去格聶神山看寺廟，每個角度都是風景，天空很藍，白雲很白，山很雄偉，到處是美景。

今天騎了 40 公里。

雪山冰河在眼前

6 月 5 日。騎走川藏公路，每天出門就是陡坡，從 3000 公尺到 4000 多公尺，然後又回到 3000 多公尺。一路上上下下，累計爬坡高度已經破萬公尺了。

今天看了計劃書，寫著最高要爬到 4685 公尺的海子山；從理塘出發，溫度很低，在沒日照的地方，不到攝氏十度。騎 70 公里後，又見超過 12% 以上的坡，八公里爬升 400 多公尺，好喘、好喘！

海子就是湖的藏語。喘換來的代價，是好美的風景。雪山冰河都在眼前，美到不想離開。

14：00 多了，才騎 80 公里。若住半路的德達約 15 公里，但只有通舖的招待所，住宿條件差，決定到 87 公里外的巴塘縣城。這段下坡，

從 4685 公尺下到 2500 多公尺，我們飛奔而下，經過六個長隧道，都是烏黑沒燈光，遇到前方會車有短暫看不到的路，真可怕，過完隧道，還十公里到巴塘。

因為被最後一個隧道嚇到，當連續騎完五個隧道後，進入最後的隧道，我的強光手電筒沒電了，瞬間伸手不見五指，我喊著後面的隊友說：「我看不見路，我要停下來，不要追撞我！」

驚嚇中，靠著洞邊停下來，等著隊友的燈光才出隧道。出了隧道，我跟隊友說嚇死我了，要休息一下，最後的十公里就沒騎了。

今天計劃 185 公里，我騎 175 公里。

與西藏一步之遙

6 月 6 日。昨天騎 180 多公里，進度超前，今天休息一天，恰好入藏申請書的申請日期是 6 月 7 日開始，今天也過不去。冥冥中安排好，急不得。

一群人不死心，想闖闖看；車子開了 32 公里，到金沙江橋上，踏入西藏境內，被擋住，明天再來吧！

要騎 100 多公里，經標高 4170 公尺的宗巴拉山到芒康，現在巴塘才 2500 公尺，明天又將到 4200 公尺，今天恢復體力，明天再戰。天啊！可以不要下坡嗎？

西藏卡關進不了

6 月 7 日。進入西藏卡關，一步之遙變成咫尺天涯。

從巴塘騎到金沙江橋，再進入西藏 32 公里，到檢查哨，都很順利，臺胞證登入系統，待準備進入時，一個較胖的陳警官拿起入藏函一直看，然後就說：「少了備案章！」接下來一直打電話，東問問西報備，搞了兩小時說：「還要再查查！」四小時後說文件有問題。

胖警官說：「我在這裡好幾年，從來沒有外國人可以騎車進入！」然後找導遊做筆錄，一做三小時，接著領隊亮哥也做筆錄，一樣三小時；完全耗著，要讓我們知難而退，搞到 19：00，我們決定不進西藏、打包回家。

只好從巴塘開車往回走。十天來，騎了快 900 公里，一路辛苦爬坡的影像如同倒帶，從眼前一幕幕的出現。真的很佩服自己，62 歲還能在四、五千多公尺的地方騎車奮力往上爬。

看著來時路都是非常陡的坡，我仍然能喘著氣，一圈一圈地踏著踏板。雖然這次 2100 公里的旅程我們騎了 900 公里，沒能完成，但這非我們能掌握，我心已滿足。

無緣的西藏，無緣進入西藏。無緣的折多山，九天前騎到下冰雹、冷到受不了，連拍照都沒有就撤離。今天搭車到這裡，一樣下毛毛雨跟大霧，還是無法補拍照片。就留在記憶裡吧！

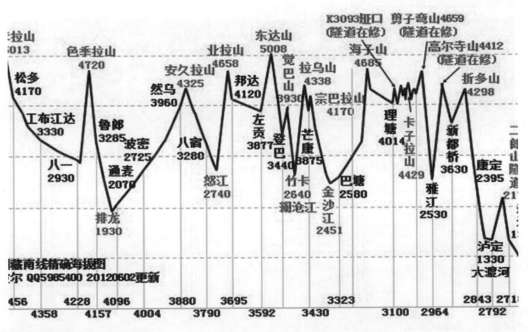

川藏公路里程與高度圖。

川藏公路就是山高、路陡。

金沙江上的西藏與四川省。

康定市旁的木格措，很漂亮的高山湖。

川藏公路 3000k 旁的布珠民宿非常有特色。
這位是布珠二小姐。

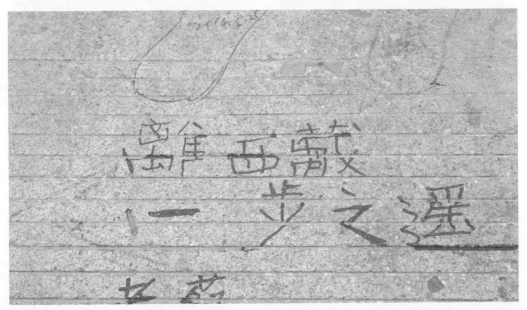

手續都按規定辦了，還是進不了西藏。

第十章

滇藏公路騎行記

川藏騎行被擋於金沙江；回台後用盡方法；想要再進藏，最後上了318 川藏騎行網，跟騎過川藏的、想去川藏的人聊了半年！大家都幫我想辦法；要怎麼幫我合法申請入藏，讓大家忙了幾個月，終於處理好申請，滇藏線，我來了！

最便宜的一宿

2015 年 5 月 29 日。從海拔 2400 公尺的麗江出發，到標高 2800公尺的國道 214 連接處，再下滑 17 公里，回到最低處海拔 1400 公尺，再爬到虎跳峽 1800 公尺。11:30 到虎跳峽。這時，在昆明認識，一起遊昆明、大理、麗江鎮的幾位小美女來電，說半小時內到虎跳峽，我們就吃飯等他們，休息兩小時才離開。

虎跳峽，全長 20 公里，落差 213 公尺，分為上、中、下三段，共有險灘 18 處，江面最窄處僅 30 餘公尺。峽口海拔 1800 公尺，海拔高差 3900 多公尺，峽谷之深，位居世界前列。相傳猛虎曾憑江中巨石騰空越過江面，因而得名。途中遠眺中國最長河流——長江的第一灣，此灣由青藏高原奔騰而下，流至石鼓鎮轉彎朝北流，形成著名的奇景。

接下來的 20 公里上上下下，下的少上的多，再爬到海拔 2500 公尺，紫外線好強。高山上的下午不適合騎車，住在離香格里拉 80 公里處的沖江河水電站民宿，一人 15 元（有史以來最便宜的一宿）、晚餐 15元，超便宜，晚上很冷，但沒蚊子、網路超弱，只好睡覺。

今天騎 70 公里。

紫外線爆錶

5 月 30 日。天氣晴朗，紫外線爆錶。自民宿出發，從海拔 2500 公尺高度直上 3400 公尺，全程 20 公里，騎 4 個小時才到對面的山上，路有夠陡。

抵達標高 3400 公尺，才開始上上下下。反正就是數字遊戲，3400、2800、3350，最後爬升到達 3450 公尺，才緩坡到 3350 公尺的香格里拉，接著繞了一下獨克宗古城。

獨克宗古城是中國保存最好、最大的藏民聚落，也是茶馬古道的樞紐，位於雲南省迪慶州香格里拉縣，是座 1300 多年歷史的古城，曾是雪域藏鄉和滇域民族文化交流的窗口、川藏滇地區貿易的轉運站。

途中幾個落差很大的路況，造成貨架斷裂，鐵架還插入鋼絲，好在輪子很強壯，鋼絲沒斷。如果斷了，就玩完了，不用再騎。最終還是換了貨架。

今天騎 82 公里。

書松村禮佛

5 月 31 日。天氣晴時多雲，沒曬到太陽。

早上出門，三公里坡，從香格里拉海拔 3350 公尺爬到 3690 公尺，然後就下了 30 多公里的長坡；爽快下滑了海拔 1700 公尺，足足 30 公里踏板都不用踩，到奔子欄縣城吃中飯，高度又回到 2200 公尺。

　　奔子欄縣城離德欽 100 公里。到不了德欽縣。午後從 2200 公尺開始奮鬥，騎到海拔約 3000 公尺的書松村，三小時才騎 22 公里，明天要爬到 4300 公尺的德欽市，將有 32 公里長上坡，有得拼了。

　　書松村位於白馬雪山的啞口，四周都是 4000 公尺的大山。著名的東竹林寺在書松村南寧幹頂東坡上。寺廟建於西元 1667 年，原名沖沖措崗寺，意為仙鶴湖畔之寺。遠望平頂樓房鱗次櫛比，儼然一座城鎮。釋迦牟尼佛殿的佛像高 105 公尺，銅質鎏金，佛冠及前胸鑲滿珍珠寶石，係拉薩色拉寺所贈。東竹林寺珍藏一幅長達 8.5 公尺、寬 5.2 公尺的大型唐卡，是用五彩絲線精織而成的護法神像，每年舉行跳神法會展出一次，供香客觀瞻禮拜。

　　今天騎了 109 公里。

神奇的 GPS

　　6 月 1 日。天氣晴，雲層厚，偶飄小雨。

　　昨天的 GPS 很神奇；在書松村明明就顯示 3005 公尺，今早出發，兩個 GPS 同樣顯示 2850 公尺。就這樣，要從 2850 騎到 4300 公尺的白馬雪山。

　　白馬雪山公路最高點 4292 公尺。短短 35 公里，爬升 1500 公尺，竟然騎了 5 個半小時才搞定。到白馬雪山第一個啞口，後面還有兩 2 個啞口，都是下降兩至三百公尺再爬回啞口。

騎到大腿緊繃，下來拍照舒緩肌肉，從第三個啞口到德欽縣城，是個長下坡，有 17 公里長，於是又從 4292 公尺下滑到 3300 公尺。天好冷啊！

今天騎 86 公里。

進入西藏地區

6 月 2 日。天氣晴，早上多雲，下午紫外線超強。

03：00 摸黑從德欽趕到飛來寺，看梅里雪山的日照金山，被雲遮住半邊，沒看到全貌。飛來寺距離德欽縣城僅十公里，是個小寺廟，卻是觀賞梅里雪山的最好位置，每天清晨看卡瓦格博峰展露出金光，就是著名的日照金山。

飛來寺最初建於西元 1614 年，距今近 385 年的歷史，占地面積 1500 平方公尺，依山勢拾級而建，山門對聯「古寺無燈憑月照，山門不鎖寺雲封」。

梅里雪山主峰卡瓦格博高 6740 公尺，雖比起藏區許多七、八千公尺高的雪山，並非最高，卻是藏區八大神山之首，每年有無數藏人來此轉山朝聖。卡瓦格博意為「雪山之神」，這一帶居民更常稱呼為「阿尼卡瓦格博」，阿尼是爺爺的意思，可見藏人對此山的崇敬之意。

藏區八千多公尺的山都被人類攀登過，只有這座不到七千公尺的雪山卻從未有人登頂，曾有登山隊挑戰，但都失敗；1991 年發生的中

日聯合登山隊山難事件，17名隊員全數罹難，震驚全球。之後的一年，為尊重藏人信仰，中共當局宣布卡瓦格博永遠不能攀登，於是這座山也就成為永遠的處女峰。

飛來寺到鹽田103公里，前段70公里還算好騎，從3300公尺降到2200公尺。中午到楚巴村吃超辣的麵。下午31公里又爬升300公尺，騎了3.5小時，正式通過檢查哨進入西藏地區。

最後這31公里，太小看了。吃完飯，想說還一瓶水就夠，沒再補水，騎20公里就把水喝光了，找路邊的道路維修人員要了兩瓶水。工人還開玩笑說：「我們這裡都用這個洗澡，多的是。」

喝完水，剩幾公里就進入鹽田村，又有檢查哨，檢查得比前面一個嚴格。進入西藏地區了，有點興奮！

今天騎了103公里。

日行一善有善果
6月3日。天氣晴朗，中午過後很熱、很曬。

從海拔2600公尺開始騎，48公里要爬升1700公尺，這感覺比武嶺軟吧？可是海拔三、四千公尺缺氧，每爬升100公尺就得下來喘氣，48公里搞了5小時多，才到標高4253公尺的紅拉雪山。

紅拉雪山下坡路段有夠爛，約有40公里的爛路跟小碎石路，一路

煞車減速，大概剎車皮磨損一半了吧？下的多上的少，到 3800 公尺的芒康。芒康旅館的標準房竟沒熱水，衣服都脫光了，熱水放了半天還是冷冰冰的，高山天氣很冷，鼻水都流出來了，只好再穿好衣服下樓抱怨，竟然叫我到樓下洗，真是圈圈叉叉。

要去洗澡時，有位吉林省長春的車友臉色蒼白，在樓梯外吸著氧氣罐。我上前關心。原來他高山症發作了，我問需不需要幫忙？他說：「兩天前就有高原反應了，吃過藥、打過針，都沒效，不知道還有什麼辦法啊！」我說：「我帶了高原反應的藥，要不要試試？」他點點頭。我給他一顆威爾鋼，要他一半嚼一嚼吞下去，另一半放舌尖下用口水慢慢融化吸收。

20 分鐘後，我洗好澡經過時，他恢復正常了，還要了電話邀我到長春玩。後來回到臺灣，他來了簡訊正式邀我跟太太去長春，還說：「你可以把長春當作自己的家」。日行一善有善果吧！威爾鋼少了一顆，我可沒亂用啊！

有朋友問：「去西藏，防高山症，紅景天有效嗎？」我的經驗不多，但騎行川藏公路跟滇藏公路兩次經歷的粗淺看法是，在中國大陸，紅景天有瓶裝、顆粒裝、藥劑狀的，不一而足，山上最常見的是針劑包裝，聽車友說都沒什麼效果。大陸人也許不知威爾鋼，但說偉哥可能容易懂。這位長春車友從海拔 4000 公尺的理塘高山症發作，到 3200 公尺的芒康，服用威爾鋼效果非常好，我的經驗是在如美鎮，4000 公尺處有點沒力、懶懶的，吃了半顆，馬上就好多了，還連上兩個山頭到 5007 公尺的東達山。

威爾鋼對血管擴張應該有一定的效果；輝瑞藥廠另一種藥物耐絞寧，和威爾鋼一樣，都是血管擴張的藥物，是我上四、五千公尺要帶的救命丸，但價格差很多。血管擴張的藥劑，要經過醫生評估後才能使用。登高出發前要先檢查一下有沒有心臟病、高血壓或糖尿病，以策安全！

做正確的決定

6 月 4 日。天氣晴朗，午後高溫。

早上從標高 3850 公尺的芒康出發，直線上升到 4376 公尺的拉烏山，進入瀾滄江河系，一路下坡，經瀾滄江畔如美鎮，直下到 2700 公尺。騎了近 50 公里，才 10：00 多，接下來要騎上 3911 公尺的覺巴山。這時有台小麵包車的司機遊說我們上車，最後意志力戰勝了，騎上覺巴山，沒想像的累。

村子榮許兵站的住宿條件非常差，跟去年的紅龍村一樣。如要到左貢，得摸黑騎車，這時有兩個選擇，一是住下，一是搭車到 35 公里遠的東達山頂。我們選擇搭車直達 5008 公尺的東達山，然後再騎車下滑了 25 公里到左貢縣城，跳過 35 公里、上升近 2000 公尺的最累人挑戰。沿途看到一堆人推車，感覺 63 歲的我做正確而明智的決定。搭車 35 公里、騎車 153 公里，下滑得很爽，只是左貢前六公里修路，搞得一身灰跟一車泥巴。

今天搭車 35 公里、騎車 153 公里。

五彩經幡的祝福

6 月 5 日。早上晴，16：00 陣雨。

從左貢到邦達，從昨天的 5008 公尺下降到 3877 公尺，坡度不大，但多維持在 4000 多高尺的高度騎車。早上出門就感覺不對勁，怎麼騎都很無力。頭有點痛，快四小時才騎 35 公里。11：00，正好有個村莊，路旁賣早點，我吃包子配酸奶，有點噁心想吐，決定吃半顆威爾鋼。

威爾鋼真是神效，大約 20 分鐘呼吸變得順暢、沒喘。再度騎車，就可以拉速度，變得更猛。聽說藥效 24 小時，可我跟同伴都決定明天休息一天補充體力。

在藏區的山頂或啞口等景觀開闊處，都會掛滿經幡，一般有五個顏色，也叫五彩經幡，各有含意：藍幡代表天空；白幡代表白雲；紅幡代表火焰；綠幡代表綠水；黃幡代表土地。

經幡上印有經文和佛像，這些經文隨著風的吹動，向四方傳播。隨風飛舞的經幡每飄動一下，就代表誦經一次，每條經幡都寄託著一個美好的願望。

今天騎了 107 公里。

明智的抉擇

6 月 6 日。整天雨。

海拔 3800 至 4600 公尺的高山上下雨，冷斃了。四周山頭都變成雪白，美極了。本來要在邦達休息一天，但一起床就下雨，查了氣象，明天大雨天。

早餐時，民宿老闆說這裡下大雨，路一定坍方，可能一等就是三、五天，要我們快快離開。於是請老闆幫我們叫車，一人 150 元，立馬搭車到然烏。

就這樣，越過兩個四千公尺的大山——業拉山 4658 公尺、安久拉 4325 公尺。在安久拉山時，雨下得非常大，沒下車拍照。經過天路 72 拐，也是下雨。好在搭車，不然天雨路滑，下連續坡怕會摔到怒江裡。住然烏湖畔，好美好悠閒，只是很冷，18：00 時 7℃，晚上可能 1 至 2℃。晚安啦！

事後證明搭車是對的，往然烏的路因雨坍方，中斷三天，沒離開的單車騎士都困在邦達。臺灣蘇花公路有很多重機械維護，遇大雨都會中斷，何況是脆弱百倍、又有很多高山路段都沒維護的川藏公路，不坍才怪呢！

6 月 7 日。小雨一整天。

昨天搭車到然烏湖畔，繞了一圈然烏湖，也去了來古冰川

早上起床，再查當地氣象，是小雨，明天中雨。二話不說，穿好雨衣、雨褲出門。騎了 125 公里，雨都沒停止過。一路上的風景都蒙上一層

霧，所以照片拍的不多，只在路標 4000 公里處拍了張穿雨衣照。

今天騎 125 公里。

搭車避開爛泥路

6 月 8 日。波密一出門，就是毛毛雨，好在下坡多，原本可以從 2725 公尺直接下滑到排龍的 1930 公尺，但到通麥是爛泥路，這裡的廂型車叫客說：「現在搭 50 元，等騎了爛路要搭車是 100 元，因為車跟鞋子都是泥巴。」

接著又大雨。我們堅持往前騎到通麥隧道口，遇到大塞車，隧道基礎已完成，但不給單車過，隧道旁的舊路非常泥濘，很多車上不去，原地打滑，我們退回八公里，找到叫客的廂型車，搭到大鐵橋，過了通麥天險。

雨勢一直沒停，只好搭車到魯朗，路況一路極差，到魯朗已是 15：00，還沒吃中飯，請師傅載我們去吃有名的魯朗石鍋雞。魯朗，藏語的意思是龍王谷——龍王居住的地方，風景優美，素有西藏江南的美稱。

今天好險，又從 1930 公尺回到 3285 公尺，少爬了一次清境到武嶺。總計騎 30 公里、搭車 100 公里。

藏民採收珍貴冬蟲

6 月 9 日。從 3285 公尺的魯朗開始爬，經過 50 公里，到色季拉

山 4720 公尺。一路沒商店，中午吃乾糧，每個餅乾袋子因氣壓低都「胖」到快爆炸。

到啞口，屋頂還有積雪。中國就是山大、山高，天氣多變化，真是美景。

在山頂看到一群一群的藏民圍了很多小圈圈，湊上去看，哇！都是珍貴的冬蟲，探了行情，小小一根冬蟲要價 60 至 80 元，地上這堆價值萬元，藏民在這個山區一天可以採收約一萬元的量。

住在一家新的商務賓館，才 120 元，網速很快，超讚。在川藏深山裡的林芝區八一市，一碗只有三片薄薄牛肉的牛肉麵，13 元，一瓶拉薩啤酒 6 元，價格很貴，但這裡離中原 4000 公里啊。

今天騎 100 公里。

6 月 10 日。在海拔 3000 公尺到 3400 公尺的地方，竟有條從林芝到拉薩的高速公路，還在施工，尚未開放。看到有人騎，我們就跟著進入高速公路。一路以 25 公里的時速，騎兩小時。全程微爬坡，空氣含氧不足，都是張大嘴巴，用胸部強制吸氣，兩小時下來，心臟快爆了，比無氧運動更刺激。

快速衝刺，騎 45 公里，被攔、趕下高速公路。要不然，真會缺氧。早上騎 61 公里，下午四小時 70 公里，到工布江達縣，離拉薩 280 公里，還有一個 5011 公尺的最高山還沒爬。

今天騎 130 公里。

6 月 11 日。早上從工布江達 3330 公尺，騎 61 公里，爬升到 3910 公尺，好難騎。每爬升 100 公尺、降 70 公尺，上下上下，兩個城市的高度差只有 600 公尺，但總爬升高度應該超過 1500 公尺。

下午離松多鎮只剩 37 公里，到松多，要爬到 4200 公尺，這種感覺像在玉山上跑馬拉松一樣。14：00 多，烏雲密布，只在 4444 公里路標停下拍照，其他時間都是做無氧運動——狂飆，果然在抵達松多後立刻下雨，溫度瞬間降到攝氏 3、4 度，今晚一定下雪。

今天騎了 100 公里。

騎抵夢想聖地

6 月 12 日。早上起床，放床頭櫃旁的眼鏡架斷了，平常怎麼折都沒事。在松多旅館找不到橡皮圈，找條繩子綁個圈圈，勉強戴著，不然，沒眼鏡只能當瞎子。

外頭一片白茫茫，還要爬 5013 公尺的米拉山；生在臺灣，沒看過這麼大的雪，穿上羽毛衣，外加兩件 GORE-TEX，還冷。馬路積雪瞬間達 40 公分。

外頭的廂型車跩了起來，到墨竹工卡 1200 元，一車可搭七、八人，自己找好人再通知他過來。和跟同伴討論，大約 30 公里越過米拉山 5013 公尺，就是好天氣，怕稍晚雪太多，會封路，無法到拉薩，就

快速騎車上路。

松多標高 4170 公尺，出門就是陡上，30 公里幾乎沒下坡，路旁積滿厚雪，只有卡車輪胎壓過處，看得到柏油路面。我們慢慢沿著這兩條軌跡騎，有卡車來，我們就停，牽車到雪面上，讓大卡車先過。基本上，卡車速度比我們快不了多少。爬到米拉山頂，鼻水凍成兩行冰柱，眉毛都變白了，脫下手套，拍了一張照片，手也凍紅了。

慢慢牽車走過約兩公里結冰路段的下坡，迎來的是萬里晴空好天氣，一路下坡到墨竹工卡，14：00 中飯。墨竹工卡到拉薩 80 公里，雖下坡，但高速公路正在整修，影響了旁邊的國道 318 川藏公路，路況極差。

18：00 看到往布達拉宮的指示牌，依著指示牌，走了半小時，沒看到拉薩布達拉宮，轉著彎，整個布達拉宮出現在眼前，瞬間全身起了雞皮疙瘩。

這是單車族的夢想聖地，同時抵達的幾位單車族都互相擊掌恭賀如願完成，激動之情表露無遺。

晚上和車友聚餐，一大鍋氂牛肉配啤酒，共同慶祝完成騎到拉薩的目標。明天拉薩一日遊，包含參觀布達拉宮；布達拉宮遊客如織，每人 200 元的門票收入，比印鈔票還快。

因大雨而搭了幾趟車，避過坍方跟泥濘路面，不然，可能會滯留好幾天。此行雖非全程踏騎，但對 62 歲的我來說，無憾了；畢竟我年紀

一年比一年大，體力是一年不如一年，今年沒騎這一段，可能這輩子就沒機會了。

離開拉薩；搭上青藏鐵路；從早上 9:00 在火車上看到青藏線沿途的美景；唐古拉山車站海拔 5068 公尺；一眼望去都是白茫茫的雪山，真的是一生必搭的青藏鐵路。

到青海省西寧站，總共在火車上坐滿 24 小時。

這段的旅遊，還包含了環青海湖、咸陽、西安、武漢！總共花了 35 天。

人生值得了。

進入藏區，每個城鎮都要檢查身份證。

在來古冰川,遇到只有在 318 川藏網聊過天的網友。

藏民賣冬蟲夏草;一根一根算!

大好文化　大好生活 5

《劫後騎跡：蔡正勝騎出自在人生》

作者／蔡正勝

出　版／大好文化企業社

榮譽發行人／胡邦崑、林玉釵

發行人暨總編輯／胡芳芳

總經理／張榮偉

主　編／古立綺、章曉春、林鴻讀

編　輯／方雪雯

封面設計暨美術主編／邱子喬

行銷統籌／胡蓉威

客戶服務／張凱特

通訊地址／ 11157 臺北市士林區磺溪街 88 巷 5 號三樓

讀者服務信箱／ fonda168@gmail.com

讀者服務電話／ 02-28380220、0922309149

讀者訂購傳真／ 02-28380220

郵政劃撥／帳號：50371148　戶名：大好文化企業社

版面編排／極熊設計工作室 (04) 2315 9186

法律顧問／芃福法律事務所 魯惠良律師

印　刷／鴻霖印刷傳媒股份有限公司 0800-521-885

總經銷／大和書報圖書股份有限公司 (02)-8990-2588

ISBN ／ 978-986-97257-6-7(平裝)

出版日期／ 2019 年 8 月 12 日初版

定價／新台幣 380 元

國家圖書館出版品預行編目(CIP)資料

劫後騎跡: 蔡正勝騎出自在人生 / 蔡正勝著.
-- 初版. -- 臺北市：大好文化企業,
2019.08
232面 ;17× 23公分. -- (大好生活 5)

ISBN 978-986-97257-6-7(平裝)

1.蔡正勝 2.傳記 3.自我實現
　　　　783.3886　　108009946